Bibliografische Information der Deutschen Bibliothek

Die Deutsche Bibliothek verzeichnet diese Publikation in der Deutschen Nationalbibliografie; detaillierte bibliografische Daten sind im Internet über http://dnb.ddb.de abrufbar.

ISBN: 978-3-95978-033-9

Verlag Winfried Jenior, Marienstr. 5, D-34117 Kassel
www.jenior.de

Renate Eberwein-Schön

BULLSHIT PUR

SPRACHVERSUMPFUNG IM ALLTAG UND IN DEN MEDIEN

Vorwort

In dieser Textsammlung geht es um „unerträgliche" Sprachformen, die sich in den letzten Jahren überall epidemisch verbreitet haben.

In Alltagsgesprächen bemerkt man eine Verflachung und Banalisierung durch sprachliche Verkürzungen, durch infantile oder vulgäre Ausdrücke. Die Vielfalt und Lebendigkeit der Sprache leidet.

Obwohl der Journalismus in Deutschland sprachlich und inhaltlich zumeist auf einem hohen Niveau ist, gibt es einen Qualitätsverlust durch bestimmte stereotype Sprachformen. Jargon und Floskeln reduzieren und verdrängen differenzierte Ausdrucksmöglichkeiten, die Informationen werden diffus.

Von diesen Klischees ist besonders die Konsumgüterwerbung betroffen. Aber auch Aktive in den sozialen Medien, Frauen und Männer in der Politik und in gesellschaftlich „relevanten" Bereichen gebrauchen oft eine formelhafte, dem Inhalt wenig angemessene Sprache.

Die von mir präsentierten Texte über diese Sprachformen sind literarisch-unterhaltend und satirisch, sie können polarisieren und/oder amüsieren.

Manche der Ausdrücke, die darin vorkommen, sind umgangssprachlich und vulgär wie „Pippi in den Augen" oder „Griff ins Klo". Sie können infantil sein wie „Öffi" (öffentliche Verkehrsmittel) oder albern wie der Trinkspruch „Stößchen".

Es geht aber auch um die zunehmende Emotionalisierung oder Skandalisierung von Nachrichten und Kommentaren durch Metaphern und Modewörter – oder um die „Aufwertung" von geschriebener und gesprochener Sprache mit Imponiervokabeln.

Zum Beispiel:

Was denken Journalisten, wenn sie „Denke" und „Binse" gebrauchen?

Wie lässt sich die Beliebtheit von Vokabeln wie „mäandern" und „toxisch" erklären? Wie viel echte Begeisterung steckt hinter „Mega" und „Träumchen"?

Wie viel echte Empörung steckt hinter einem „Aufschrei"?

Welche Anglizismen brauchen wir wirklich?

Warum müssen Menschen „abgeholt" werden?

Was ist gemeint, wenn jemand das Wort „Hallooo!?" im Gespräch benutzt? Warum gibt es immer mehr „Bauchfühler"?

Warum muss sich jeder und alles immer „neu erfinden?"

Warum machen sich Menschen mit „offenen Ohren" letztendlich „keinen Kopf". Und dergleichen mehr.

Die vorliegenden Texte geben in 40 Kapiteln viele Beispiele für den exzessiven Gebrauch verschiedener Wörter und Redewendungen und versuchen herauszufinden, was dahinter steht.

In manchen Kapiteln wird nur ein Ausdruck thematisiert, andere enthalten viele Sprachformen, die gewisse Gemeinsamkeiten haben. So geht es zum Beispiel in Kapitel 13 (Alles so mega hier) um Superlative aller Art. In Kapitel 17 (Späti, Schweini und Co.) sind Wörter und Wortverkürzungen mit i aus den verschiedensten Bereichen versammelt. In „Metaphernflut", dem Kapitel 13, sind – dem Titel entsprechend – viele Ausdrücke enthalten. In „Bullshit Pur" werden die Auswüchse des Wortes „Pur" als Anhängsel an endlos viele Dinge behandelt. Diese Kapitel sind deutlich länger als andere.

Obwohl der übermäßige, unnötige Gebrauch von Anglizismen für mich eines der größten Ärgernisse ist, gibt es in diesem Buch dazu nur ein längeres Kapitel. Mehr dazu würde den Rahmen sprengen, zumal es bereits sehr viele gute Publikationen zu diesem Thema gibt.

Renate Eberwein-Schön

Inhalt

Abholen

Diese **Abholerei** von Menschen nimmt langsam überhand.

Natürlich sind weder die Kleinen im Bälle Bad noch die älteren Verwandten auf dem Bahnsteig oder eine Pizza Calzone gemeint. Nebenbei – in Nürnberg gibt es tatsächlich 34 Gaststätten, in denen man „Schäufele to go" **abholen** kann.

Das alles sind konkrete und sinnvolle Aktionen.

Abgesehen von Trumps Ex-Außenminister Pompeo, der seinen Hund des Öfteren von Mitarbeitern des Ministeriums **abholen** ließ. Das fällt eher unter Skandal.

Es geht um einen zur Phrase verkommenen Begriff, von dem Gruppen aller Art betroffen sind: Unbequeme Jugendliche, lese-scheue Schüler, vom Glauben abgefallene ehemalige Kirchgänger. Auch Zahnpflege – und Impfunwillige gehören dazu.

Die, die sich als **Abholer** verstehen, wissen, wohin es für die **Abzuholenden** gehen soll. Sie sind „die Aktiven, die Überlegenen", die, die durchblicken und etwas durchsetzen wollen.

Dazu kommen die, die etwas zu verkaufen haben.

Wie auch immer. Es sind zwei Parteien. Den **Abholern** stehen (unbeweglich) die Trägen, Dummen, Unwilligen oder Widerspenstigen gegenüber. Oder die, die noch nicht wissen, was sie wollen oder zu wollen haben.

Ursprünglich handelt es sich um einen pädagogischen Topos, der sich seit den 8oer Jahren bis heute verbreitet hat. **„Man muss die Schüler dort abholen, wo sie stehen."**

Laut Wolfgang Klafki ging es darum, dass Lehrende an aktuelle Schülerinteressen- und Erfahrungen anknüpfen. Sie zu erreichen, damit Informationen und Inhalte von ihnen angenommen werden. Wichtig für Klafki war, dass die Berücksichtigung der abzuholenden Schüler nur sinnvoll ist, wenn eine „Erweiterung dieser subjektiv oft recht eingeschränkten Ausgangsinteressen in Richtung auf umfassendere Perspektiven" stattfindet. Damit alle zur „gemeinsamen Formulierung eines ...anzustrebenden Handlungsproduktes..." bewegt werden.

Und da haben wir schon den Knackpunkt. Der **Abzuholende** hat „eingeschränkte Ausgangsinteressen"!

Der Überlegene, Mächtige, Lenkende initiiert also einen Prozess, bei dem sein Gegenüber seine Perspektive erweitern/verändern soll. Im besten Falle ist der damit einverstanden, dort „hinzugehen", wo er sich (noch) nicht befindet.

Dieser Prozess von oben nach unten ist strukturell bedingt, zielt aber immerhin auf Förderung und intellektuelle und/oder soziale Entwicklung. Wenngleich Kritiker bei dieser Form des **Abholens** einen Niveauverlust befürchten.

Genau das passiert nämlich, wenn die Unterhaltungsmedien ihr Publikum **abholen** wollen. Von Thomas Gottschalk über Annemarie Carpendale bis zu Florian Silbereisen geht es sukzessive von unten nach ganz unten. Filme in Eigenproduktion von ARD und ZDF unterbieten sich gegenseitig an platten und stereotypischen Liebes- und sonstigen Geschichtchen, ob in Cornwall (Rosamunde Pilcher) oder in etwas weniger pittoresken deutschen Landschaften. Das immer gleiche Personal mit den immer gleichen banalen Konflikten und vorhersehbaren Lösungen. Die Programmgestalter vermuten viele der „reiferen" Zuschauer weit unterhalb ihres eigenen Niveaus und **holen** diese dann mit ihren seicht-harmonischen Welten und platten Charakteren **ab**.

Da „unten" bleiben die dann auch, lassen sich berieseln und resignieren. Das Angebot bestimmt die Nachfrage. Das können nur noch etliche private Sender mit ihren Realityshows toppen.

Jüngere und/oder klügere Zuschauer bleiben nicht, sie wandern ab zu Netflix, Amazon oder anderen Streaming-Diensten.

Den **Abholern** geht es immer darum, Menschen für sich einzunehmen.

Wenn beim Deutschen Turner Bund (DTB) die Zahl der Mitglieder schrumpft, „schlägt der DTB Boss Alarm": **„Müssen die Menschen**

abholen." In dem Fall bedeutet es immerhin, an konkrete Orte, wie Kitas, Schulen und Marktplätze zu gehen.

Käufer zu gewinnen ist die Aufgabe von Marketingexperten.

So kämpft Skoda um neue Kunden: **„Vierte Skoda Generation soll Marken-Einsteiger abholen".** Und auch die „Gamer" sind betroffen: **„Das Digimon-MMO ... könnte auch Pokémon-Fans abholen.**"

Auf der Seite „Internet World" wird zum Thema Digitaler Handel empfohlen: **„Digitalisierung von KMU: Den Kunden digital abholen und stationär begeistern".** (KMU: Kleinst- bis mittlere Unternehmen) Konsumenten gewinnen oder zurückgewinnen, darum geht es, also um Geld.

Wenn **Politiker** jemanden **abholen** wollen, hat das Ganze ein „Gschmäckle". Es hört sich arrogant und herablassend an, die Angesprochenen erscheinen wie störrische Esel, die man nicht überfordern darf.

Wer **abgeholt** werden muss, ist unfähig, den Weg alleine zu finden – oder den Weg zu gehen, den der Abholer für den richtigen hält. Warum ist dies so?

Es scheint bedeutende Versäumnisse zu geben in der demokratischen Interaktion. Die Strukturen sind ungeeignet oder undurchsichtig, viele Informationen sind nicht jedem zugänglich.

Egal wer sich voneinander, vom Miteinander entfernt hat, der Bürger oder der Politiker, es ginge darum, diese Lücke zu schließen. Plebiszite sind durchaus eine Möglichkeit, wie die Schweizer beweisen. Andere Formen, politische Aspekte transparenter zu machen, Diskurs und Teilhabe zu ermöglichen, müssten gesucht und genutzt werden.

Mit der unsäglichen und arroganten Phrase: „...dorthin gehen, wo die Menschen sind", ist es nicht getan. Vor allem nicht, wenn es um Wahlwerbung und damit um Machtsicherung geht.

Abgesehen davon gibt es viele Momente im täglichen Leben, wo der Bürger alles andere als **abgeholt** wird, nämlich dort, wo er gegen aberwitzige Verwaltungsvorschriften kämpfen muss. Dort, wo er – progressiver als die politischen Eliten – soziale Gerechtigkeit oder mehr Ökologie fordert. Da müsste _er_ die Machthabenden abholen!

Fairerweise muss auch der **Abzuholende** gescholten werden. Darauf zu warten, sich **abholen** zu lassen, ist ein typisch deutsches Phänomen. Zu viele Bürger wähnen sich in einer Service-Gesellschaft. Sie kleben an einem Anspruchsdenken, in dem Anstrengung und Mitwirkung als unzumutbar angesehen werden und sie selbst zu nichts verpflichtet sind. Sie sind verstimmt, wenn sie gerade <u>nicht</u> **abgeholt** werden.

Dann ist der Lehrer schuld, wenn der Schüler nichts leistet, der Staat, wenn er nicht genügend fördert. „Das ist mein Recht" sagt der unqualifizierte Arbeitslose, der allen **Abhol-Bemühungen** trotzt, um ohne Gegenleistung zu kassieren. Auch der Migrant, der den kostenlosen Deutschkurs schwänzt, weil er ihn zu mühsam findet, ist nur schwer **abzuholen**, zu motivieren.

Alle die sind gemeint, die Angebote nicht annehmen (besonders die Impfgegner, die sich den „Piks nicht abholen" wollen) und es sich in ihrer selbst gewählten Ignoranz bequem machen.

Für alle anderen – ob sie nun Pädagogen, Kulturschaffende oder Politiker sind – gilt es, anspruchsvoller zu sein, Impulse zu geben und neue Inhalte anzubieten. Man muss die Leute auch mal fordern, ihnen etwas zutrauen oder zumuten. Es muss nicht alles immer „niedrig-schwellig" sein.

Die Schüler/Bürger/Konsumenten sind oft klüger als die **Abholer** meinen. Das anstrengende Runterbeugen kann man sich sparen.

Am Rad drehen

Es gibt viele lustige Ausdrücke für Leute, deren Verhalten man für sonderbar hält.

Der Sprung in der Schüssel, die fehlenden Tassen im Schrank oder Latten am Zaun sind beliebte Vergleiche. Saisonbedingt sind es nach Weihnachten die wenigen verbliebenen Nadeln am Baum. Früher hatte **die** eine oder andere auch eine „Meise unterm Pony", was heute unter Sexismus Verdacht fiele.

All diese Bilder werden mit irgendwie gestörtem oder seltsamen Verhalten gleichgesetzt, jeder kann sich etwas darunter vorstellen und versteht, was gemeint ist.

„Der dreht am Rad!" riefen die ersten Witz-Trendsetter so um das Jahr 2000.

Und es verbreitete sich wie ein Virus. Aus dem Kontext lässt sich zumeist erschließen, dass es um jemanden geht, der die Fassung verliert, sich verrückt gebärdet, ausrastet oder sonderbare Dinge tut, im Affekt handelt, vielleicht tobt, und so weiter. Während der Pandemie berichtete so mancher zuhause Isolierte davon **am Rad zu drehen**.

In einer Variation des Ausdrucks spricht ein Moderator von Pro 7 von einem **„...Endvierziger, der aus Alterspanik komplett freidreht."** Als der Jogginghosen-Millionär Robert Geiss seiner luxusverliebten Ehefrau Carmen einen automatisch folgenden Koffer präsentiert, rechnet er mit exzessiver Begeisterung: **„Wenn sie das jetzt sieht, dreht sie komplett am Rad"**.

Formen und Gründe für das **Räderdrehen** gibt es wohl viele. Warum es nervt? Weil die, die es sagen, so besonders witzig oder originell sein wollen und es umso unerträglicher wird, je öfter es gebraucht wird. Zumal völlig unklar ist, auf was sich dieses Bild eigentlich bezieht? Gibt es einen Bezug zur Wirklichkeit? Woher kommt der Ausdruck?

Wer **dreht** denn **Räder**? Wo und zu welchem Zweck? Um was für ein Rad könnte es sich handeln? Früher sagte man: **„Der hat ein Rad ab"**.

Ein Fahrzeug mit fehlendem Rad ist außer Funktion. Wie jemand, der nicht mehr „normal" handeln kann und dann irgendwie weiterholpert.

Oder ist das **Durchdrehen** gemeint, wenn die Zahnräder nicht mehr greifen und das Ganze heiß läuft? Der **durchgedrehte** Mensch agiert überhitzt, unvernünftig, ist außer Kontrolle. Doch der **am Rad drehende** ist irgendwie anders.

Vergleicht man ihn vielleicht mit einem Hamster, der in seinem Laufrad rumtobt, weil er sonst nichts zu tun hat? Aber der dreht ja im Rad und nicht am Rad.

Oder wird auf die Spielshow „Glücksrad" aus den 8oer Jahren angespielt? Da galt es Buchstaben zu „erdrehen", die dann ein Wort ergeben sollten. Fand man die, die das damals machten, irgendwie *daneben?*

Bleibt noch das Glücksrad auf den Volksfesten.

Könnte die Anstrengung und die wilde Hoffnung auf Gewinn gemeint sein, mit der jemand für einen Euro pro Drehung wieder und wieder „**am Rad dreht**"? Dabei müsste er wissen, dass dieses so manipuliert ist, dass die Chancen, selbst das hässlichste Plüschtier zu gewinnen, sehr klein sind.

Ich bin dankbar für Hinweise zu einer nachvollziehbaren Erklärung.

Andenken

Seit einigen Jahren wird in Gremien, Redaktionen oder Lehrerkonferenzen offenbar nichts mehr geplant, erarbeitet, beraten, diskutiert oder ausgearbeitet, sondern **angedacht**.

Mein Rechtschreibprogramm möchte das **andenken** immer als Substantiv behandeln und markiert es mit roten Punkten. Im Duden kommt es aber tatsächlich auch als Verb vor, mit der Erklärung: „Beginnen über etwas nachzudenken, sich über etwas Gedanken machen."

Die Duden-Kommission biedert sich mal wieder leichtfertig der Umgangssprache an.

Zunächst einmal: Das Substantiv **Andenken** ist ein Gegenstand, ein Mitbringsel oder Souvenir und hat die eindeutige Funktion, eine Erinnerung zu evozieren und damit eine Emotion zu verfestigen und immer wieder abzurufen.

Anders verhält es sich mit der Aussage: „Ich denke **an** etwas." Das Verb **denken** wird mit der Präposition **an** kombiniert.

Die Vorsilbe **an** kann dabei auf einen Anfang hindeuten, eine Vorstufe des Nachdenkens. **An** etwas zu denken ist ein Impuls, eine Basis für etwas, was folgen könnte.

In jedem Moment unseres Alltagsbewusstseins **denken** wir **an** irgendetwas. Das ist zumeist eher flüchtig, spontan, kann schnell verdrängt werden, wieder verschwinden.

Erst durch das *Nachdenken* über das, an was wir denken, kann eine Vertiefung, ein Festhalten oder eine Weiterentwicklung stattfinden. Beim *Nachdenken* beschäftigt man sich mit einem Sachverhalt, man betrachtet ihn von verschiedenen Seiten. Eine Art Grundgedanke ist da, es gibt dann ein „Danach", ein Reflektieren und Bewerten.

Wird also etwas **angedacht**, dann ist der Denkprozess noch nicht weit gediehen. Es hat sich noch nichts Substanzielles ergeben. Es ist unklar, was inhaltlich tatsächlich zu verhandeln wäre. Dieses Diffuse bekommt einen Namen und gibt damit vor, etwas zu sein.

Als das Wort noch nicht in Mode war, wurde nachgedacht, etwas wurde durchdacht, überprüft, man recherchierte, sammelte Meinungen und Positionen. Es wurde erörtert, diskutiert, abgewägt, weiterentwickelt etc. Diese Differenzierungen fallen beim **Andenken** hinten runter.

Damit weiß keiner, was eigentlich in den Köpfen der „**Andenker**" – von denen nicht wenige Politiker sind – vorgeht.

Vor allem dann, wenn nur wenige Informationen gegeben werden, wenn unklar ist, welche Aspekte des Themas zur Sprache kamen und wie es weiter gehen könnte. Denn **andenken** ist weniger als denken, nachdenken oder durchdenken, überdenken und so weiter.

Beim **andenken** ist also oft unklar, ob es sich wirklich um einen konstruktiven Prozess handelt. Zwar wird der Eindruck erweckt, in einer bestimmten Sache aktiv zu sein oder zu werden, konkrete Inhalte bleiben jedoch aus. Man will offenbar nichts oder noch nichts preisgeben. Damit wird der Rezipient beschwichtigt und ruhig gestellt. Er nimmt an, dass etwas, was ihn eventuell angeht, in Gang gekommen ist.

Aber eigentlich müsste er verstimmt sein und den Verdacht hegen, dass eben nichts passiert ist und dass ungewiss ist, ob sich etwas Produktives ergeben wird. Er müsste nachfragen – wenn das denn ginge. Fast erinnert das an Heinrich Böll. In dessen Kurzgeschichte „Es wird etwas geschehen" tun alle Beteiligten sehr geschäftig, ohne dass tatsächlich etwas passiert.

„Andenken" ist ein rhetorischer Terminus, der die Entscheidungsträger, ob einzeln oder als Gruppe zu nichts verpflichtet. Immerhin, es wurde schon mal **angedacht!** Wenn auch vielleicht nur *ein Stück weit*.

So kann es sein, dass ein Thema oder eine Maßnahme, die „**angedacht**" ist, genauso gut wieder in der Versenkung verschwindet. Vielleicht ist das typisch deutsch. So wie bei Böll wird versichert, man sei ständig beschäftigt und kümmere sich um alles. Denn gerade bei politischen Prozessen hat man oft den Eindruck, dass wichtige Dinge nur **angedacht** und dann wieder nach hinten verschoben oder gar auf Eis gelegt werden.

Auf jeden Fall sind Neologismen dieser Art keine Bereicherung des gesellschaftlichen Diskurses. Kommunikation funktioniert nur dann, wenn Mitteilungen tatsächlich etwas mitteilen, wenn sie Substanz haben.

So dient das Wort **andenken** eher der Verschleierung oder gar der Desinformation.

Anglizismen

Man hat das Gefühl, dass der Gebrauch von Anglizismen fast stündlich zunimmt. Kaum ein Alltagsdialog, eine regionale oder überregionale Pressemitteilung, eine Fernsehsendung oder Internetseite, die nicht gespickt ist mit englischen Begriffen. Selten einmal beschwert sich jemand über die Sprachinvasion, im Gegenteil, der „denglischende" Bundesbürger schmückt sich stolz mit seinem Vokabular US-amerikanischer Provenienz.

Am harmlosesten sind die ergänzenden Anglizismen, die keine deutschen Vokabeln verdrängen und Dinge und Sachverhalte benennen, die auf Deutsch nur schwer auszudrücken wären.

Der **Lockdown** als Wort des Jahres 2020 gehört dazu.

Kaum zu vermeiden sind Anglizismen aus dem EDV-Bereich, schließlich sind sie aus den innovativen Technologiestandorten der amerikanischen Westküste importiert. Die haben's erfunden! EDV ist eben nicht dasselbe wie **IT**. Jetzt **downloaden** und **streamen**, **booten** und **resetten** wir eben. **Videocall** ist kürzer und treffender als Bildschirmgespräch. Ein **Device** ist mehr als ein Gerät und der **Hashtag** mehr als ein Schlagwort. Um einen **Cliffhanger** oder einen **Shitstorm** auf Deutsch zu erklären, würde man länger brauchen.

Auch die englischen Begriffe für Kunstformen wie **Street Art**, **Environment**, **Pop Art**, **Happening** oder **Performance** haben durchaus ihre Berechtigung, denn die Künstler und ihre Kunst sind amerikanischen Ursprungs. Schließlich ist **Street Art** auch nicht dasselbe wie Straßenkunst, wo klampfende Barden, Zauberkünstler und Akrobaten „Shoppingjunkies" vom Einkaufen abhalten.

Das Problem sind die verdrängenden Anglizismen, die Wörter, für die ein deutsches Wort ohne Probleme zu finden wäre.

Es gibt viele direkte Übernahmen, die, manchmal grammatisch angeglichen, gar nicht mehr auffallen, sie haben den deutschen Begriff schon ersetzt. Existiert noch ein deutsches Wort für **Hobby** oder **Baby-**

sitter? (Freizeitbeschäftigung? Temporäre*r häusliche*r Betreuer*in von Kleinkindern?)

Wenn wir im Sommer plantschen, dann natürlich im **Swimmingpool Pool,** wenn wir laufen, dann **walken** oder **joggen** wir. Wir machen **Aerobic** und **Spinning,** fahren **Halfpipes** mit dem **Skateboard** und **snowboarden** im Winter.

Den **Coffee** oder das Mettbrötchen **to go** nehmen wir resigniert hin. Das **Foul** im Fußball sehen wir vergrößert im **Public Viewing.** Wem der **Referee** eine **Penalty** verhängt, der hat **abgelost.**

Kaum jemand sagt noch Kraft, es gibt nur noch **Power** und **Sound** statt Klang.

Schon lange ist niemand mehr schockiert, sondern **geschockt.** Um das mal klarzustellen: <u>schocken</u> ist <u>kein</u> deutsches Verb. Ich kann jemanden schockieren oder erschrecken, der kann einen Schock bekommen oder schockiert – aber nicht **geschockt** sein. Ich schocke, du schockst... das ist keine korrekte Konjugation!

Viele wortwörtliche Übersetzungen haben sich in der Umgangssprache irreversibel festgesetzt, sind beliebt und klingen doch unbeholfen. Wenn: „**Have a nice day**" in den USA schlicht und einfach nach einem freundlichen Wunsch klingt, ist das „Haben sie einen schönen Tag!" aller Supermarktkassiererinnen so gestelzt und blöd, dass ihnen das schon selbst aufgefallen ist. Und so wird es zu „einen schönen Tag (noch)" verkürzt. Im Übrigen hält kaum jemand diese antrainierte Verpflichtung des Verkaufspersonals für ehrlich. Entstanden ist diese Unsitte wohl, nachdem vor etlichen Jahren die Klagen über die Unfreundlichkeit im Dienstleistungsbereich mit dem Stichwort „Servicewüste Deutschland" zu penetranten Verkäuferschulungen nach US-amerikanischem Vorbild geführt haben.

Nicht mehr auszurotten ist leider auch die deutsche Version bzw. Übersetzung von „**At the end of the day**". Im Deutschen haben wir so klare Wörter dafür wie: schlussendlich, schließlich, unterm Strich etc. Besonders Politiker betonen in endlosen Wiederholungen, dass sie **am Ende des Tages** doch noch Ergebnisse erzielt hätten. Wahrscheinlich wollen sie (abgesehen von der sinnbildlichen Aussage) ihre hohen Bezüge damit rechtfertigen, dass sie buchstäblich von morgens bis spät am Abend über hochkomplexen Dingen gebrütet haben.

„**Ich bin okay damit**" sollte man – als sprachliche Interferenz – nur englischen Muttersprachlern zugestehen (die sagen auch Feuerplatz statt Kamin) oder Deutschen, die lange in Großbritannien oder den USA gelebt haben. Nicht aber denen, die sich damit als Weltbürger groß tun möchten und finden, es klinge zu **lame**, zu sagen, man sei *mit etwas einverstanden*. Etwas **händeln** gehört auch dazu und meint kein österreichisches Grillhuhn. Und weil ein **Handy** bekanntermaßen nur ein Scheinanglizismus ist, nennt der Weltbürger es **mobile**. Gut, schließlich ist Mobiltelefon auch ein langes Wort – und **Time** war immer schon **Money**.

Das ebenfalls beliebte **es macht Sinn** *(it makes sense)* gehört noch zu den harmloseren dieser zweifelhaften Übersetzungen.

Die deutsche Sprache ist so vielseitig und umfangreich, dass viele der englischen oder denglischen Wörter gar nicht nötig wären. Wir sollten mal **checken**, ob der **Burnout** nicht einfach nur eine Erschöpfung sein könnte. Wir könnten uns nach einem langen Arbeitstag entspannen, statt nach einem **Fulltimejob** zu **chillen** oder zu **relaxen**. Eine Geschäftsidee könnte man präsentieren statt zu **pitchen**.

Der gute alte Kater nach etlichen Getränken am Feierabend braucht weder die **After Work Party** noch den **Hangover**.

Warum müssen Mädchen oder junge Frauen ihre Mütter **Mum** und den Vater **Dad** nennen, seien sie auch noch so **happy** mit ihrer **Family**? Warum nennen die Jungs jemanden **Bro** (Brother), mit dem sie gar nicht verwandt sind?

Bei ihrer Maulfaulheit reicht ihnen das von YouTubern übernommene „**Meh**", um Überdruss oder Langeweile auszudrücken. Befremdliches oder Unheimliches bringen sie schlicht und einfach mit **spooky** auf den Punkt. Wenn damit eine dünnstimmige Rapperin mit weißblonden **Extensions** und Schwelllippen gemeint ist, die **performt**: „Deine Liebe macht mich **high**", wäre das nachvollziehbar. Und ein Grund für **Ghosting**, um nicht weiter zuhören zu müssen.

Die englische Sprache ist wunderbar, aber eben auch die deutsche. Die Flut an Übernahmen führt zu einer Entfremdung und zur Reduzierung von Ausdrucksmöglichkeiten, zur Verarmung der Kommunikation, zum Verlust von Sprachgefühl. Und im Schlepptau dieser Wörter verbreiten sich Verhaltensweisen, die gar nicht zu uns passen, zum Beispiel das „**High Five**" – Abklatschen.

Das größte Reservoir an Anglizismen bietet uns die Fernsehwerbung.

Die solide deutsche Markenfirma Kärcher ist dabei, mit ihrem **Kärcher Battery Universe** (geht's auch etwas kleiner?) und dessen **Real Time Technology**. Ein online Autoverkäufer versucht das windige Image der Branche durch **Auto Heroe** aufzuwerten und dass ein Windschutzscheibenreparaturbetrieb unbedingt **Carglass** heißen muss, nun gut. Schlimmer ist der dazugehörige **Jingle**, sprich: Singsang.

Verstehen die männlichen Konsumenten, warum der Braun Rasierer – wie alle Braun Produkte – ein **Design for what matters** ist? Trifft es ihren Sinn für Humor, wenn die Firma **Manscaped** einen **Lawn mower 3.0** anbietet, einen Trimmer für „Männerpflege vom Bauchnabel abwärts", natürlich mit **Skinsafe Technology**? Während die Männer ihr Schulenglisch rauskramen, können Ihre Ehefrauen derweil den **Naked Cake** von Dr. Oetker backen, oder mit den **Power Cabs** der Marke Spee seine **Boxershorts** waschen. Ein gelungenes Gegenbeispiel bietet die Marke Vorwerk, bekannt für hochwertige Staubsauger. Ihr guter Reputation braucht kein Englisch und keine **hippen** Typen. Vorwerk wirbt kreativ, erfolgreich und originell auf Deutsch.

„Immer muss er alles besser wischen. Kabellos, tadellos, schwerelos. Der Besserwischer". Sehr erfrischend – es gibt also noch witzige Werbemenschen. Es ist klar, die englischen Worte sollen sowohl banale Alltagsprodukte als auch Luxusgüter aufwerten, es sind Imponiervokabeln.

Anscheinend kann man in Deutschland fast nichts mehr verkaufen, ohne es auf Englisch „anzufetten". In einer Anzeige im STERN bietet die Schweizer Uhrenfirma **Tudor** (!) mit dem Slogan: „**Born to dare**" ihre **Black Bay Chrono** für gut verdienende Wagemutige an. Sie hat einen **Snowflake** Zeiger und eine **Weekend-Proof Gangreserve**. **What**

the hell ist das? Was soll der Besitzer damit machen – übers Wochenende den Mount Everest besteigen?

Auf allen Internetseiten und **Newslettern** geht es weiter. Will man in „Norddeutschlands bester Party Nacht" im **Fun Park Trittau** ein Bier trinken, so ist es wahrscheinlich **Jever Fun**. Den Diabetikern unter den **Party People** wäre dann der **Freestyle libre** zu empfehlen, um den Blutzucker im Griff zu behalten.

Wer zuhause bleibt, kann sich beim Rewe-Lieferservice mit den **ultimativen Foodie-Notfall**-Lebensmitteln oder ein paar **Goodies** eindecken. Oder sich auf mytime.de von Maggi Fertigprodukten inspirieren lassen.

Anglizismen in Baumärkten lassen sich die Männer allerdings dann doch nicht gefallen. Weise verzichten Hornbach und Co. daher auf Werbung in Englisch oder Denglisch. Auch Ikea oder die Deutsche Bank halten sich zurück und bevorzugen bei ihren Produktnamen skandinavische Exotik oder germanische Seriosität.

Frauen, die wohl als kaufwütige Spezies gesehen und in allen Medien mit Anglizismen bombardiert werden, scheinen weniger Probleme mit diesem Vokabular zu haben. Dass alle Geschäfte jetzt **Shops** sind (bis auf den **Schuhshop** – zischelt **too much**), stört sie nicht. Und war Schoppen für unbedarfte Ehemänner noch ein Feierabendbier, so **shoppen** ihre Gattinnen mit ihrem **Shopper** jetzt bis sie **droppen** (**Shop till you drop**) und träumen davon **Shopping Queen** zu werden.

Sie kaufen eine **Super stay active wear foundation** (Maybelline) und wissen in etwa, was das ist. Englische Verben konjugieren und deklinieren sie deutsch, sie **hypen** ihre **Style**-Vorbilder und sind **geflasht** von **Cut-Outs** am **T-Shirt**. Junge Mütter finden **Outfits** für die **Kiddies nice**, halten eine knallgelbe **Kelly Bag** für ein **Statement** und tragen das **Backless Dress** mit der dazugehörigen (von Germany's Next Top Model abgekupferten) **Attitude**. Das ist natürlich keine Stellungnahme, sondern ein erhobener Kopf, vorgeschobene Hüften und eine affektierte Handhaltung.

Sind sie **Single**, dann **daten** sie **blind**. Sie warten nicht mehr auf den Märchenprinzen, sondern **parshippen** auf der Suche nach **Mr. Right**.

Andere gucken **Doku-** oder **Garten-Soaps** und **streamen** das nächste **Serien-Event**. Auf **Facebook** und **Instagram** wird das eine oder andere **geliked** und **gerated** – nur beim **Dick-Pic-Rating** hört bei den meisten Frauen der Spaß auf, das ist ein **No-Go**.

Am übelsten ist allerdings der Englisch-Jargon der Unternehmensberater. Wenn sie sich zu einem **Topic** „aufgeschlaut" haben, wird die Aktion **gegreenlighted**, da alle **on the same page** sind. Wenn der Kunde **fein damit** ist, sind sie **agreed**. Denn schließlich haben sie es am **Ende des Tages** geschafft, die **High Potentials** zu **sweettalken** und damit ihr **Standing** aufzuwerten. Für den **Deal** hatten sie immerhin genügend **Content** in der **Pipeline**. Eine Angebersprache der Extraklasse! So als könnten sie gar nicht mehr richtig Deutsch sprechen nach all den internationalen **Meetings**.

In der Musik- und Filmbranche wimmelt es derart von Anglizismen, dass Mut zur Lücke angebracht ist, um den Leser jetzt nicht vollends zur Verzweiflung zu bringen.

Aus der US-amerikanischen Alltags- und Partykultur wurde so Einiges angeschwemmt, wobei man am kulturellen Wert von **Joints** und **Selfies**, von **all you can eat, zappen, snacken** und **binge-watching** immerhin zweifeln könnte. Auch die **Political Correctness** ist importiert, und so muss sich auch hier manch ein **Comedian**, der bislang einen indischen Rosenverkäufer parodiert hat, den **blackfacing** Schuh anziehen und Buße tun. Wir müssen **gendern** statt geschlechtsneutral zu sprechen.

Männer und Frauen setzen sich allabendlich stundenlang den amerikanischen Kriminalserien und **Crime**-Dokumentationen aus, die ihnen zusätzlich noch das Vokabular des Verbrechens und der Polizeiarbeit beibringen. Die **Killer** werden von **Profilern** entlarvt, von **Headhuntern** aufgespürt und auch in den deutschen Krimis in ARD und ZDF, wird von **God Cop – Bad Cop** gefaselt. Schließlich zeigen auch die Scharfschützen der Bundeswehr auf YouTube ihre: „**Best Sniper Competition**" – bald übernehmen das auch die Schützenvereine.

Ein **Brainstorming** würde noch viel mehr zutage fördern. Geschätzt 2000 Anglizismen oder Übernahmen aus dem Englischen dürften im Gebrauch sein.

Manches ist unklar: Heißt **Babbel**, die Internet-Plattform zum Sprachenlernen so, weil man – vor allem in Südhessen – babbelt, oder ist es die Eindeutschung von **Bubble**, der Blase, in der die vielen Sprachen enthalten sind?

Wie auch immer, es ist uferlos. Das Universum der Anglizismen hat sich festgesetzt und wird auch weiter zunehmen. Es ist das Ergebnis der wirtschaftlichen und damit auch kulturellen Macht der USA und ihrer weltweit erfolgreich vermarkteten Medien.

Dabei muss man zugestehen, dass deren Publikationen aus Medizin, Technik und Wissenschaft denen anderer Länder oft überlegen sind. Und in der Folge schreiben dann alle aus nachvollziehbaren Gründen die **Bachelor-** oder **Masterarbeit** auf Englisch. Viele englische fachsprachliche Begriffe verbreiten sich dadurch weltweit. Das ist nicht aufzuhalten.

Aber niemand hier bei uns muss sich **connecten**, wenn er sich auch verbinden kann, er kann Inhalte verkaufen und muss sie nicht **Content** nennen.

Muss ein temporärer Radweg **Pop-up Bikeline** heißen? Jahrzehntelang haben wir Pommes frites gegessen, oder einfach Pommes. Müssen das jetzt **Fries** sein?

Keiner muss, wenn er von etwas begeistert ist, **Wow** oder **Bam** ausrufen. Keiner muss seine Empörung mit „**What**!?" (u.a. der sonst so gekonnt-witzige Oliver Velke) kundtun oder „**What the fuck!**" rausposaunen statt des ironischen „Wie bitte?"

„Wie auch immer" muss wirklich nicht durch **whatever** (der begabte Schauspieler Ulrich Matthes in einer Gesprächsrunde) ersetzt werden. Das sind kluge Menschen, die damit ein zweifelhaftes Beispiel geben. Wenn ein Jazzmusiker sagt: „Das hat mich **gecatcht**", sagt es wenig später der nächste und so weiter.

Viel Widerstand gibt es nicht gegen die Anglizismen und die Verbreitung des Englischen im Alltag. Und es ist vor allem die sogenannte Mittelschicht, die sich darin gefällt. Manchmal beschwert sich immerhin jemand über das Bedienungspersonal in Berliner Bars und Cafés, das die Bestellung nur noch auf Englisch aufnimmt/aufnehmen kann. Der Gast, der sich dem verweigert, wird schief angesehen. Denn es gilt, dass der, der **fluent(ly) English** spricht oder eloquent mit englischen Wörtern um sich schmeißt, für kompetent, **cool** oder weltläufig gehalten wird.

Wir haben kapituliert – und mehr als: Wir wurden und werden auf das Freundlichste vereinnahmt von der englischen Sprache und der amerikanischen Kultur. Prominente und zumindest die staatlichen Medien wären eigentlich in der Verantwortung, nicht weiter zur Verbreitung und Akzeptanz von unnötigen Anglizismen beizutragen. Aber selbst eine kulturelle Instanz wie das Kölner Literaturfestival (<u>Fest</u> ginge auch) nennt sein Programm für Mai/Juni 2022: „**Food for Thought**".

Warum heißen die öffentlichen Theaterproben des Kasseler Staatstheaters neuerdings **Sneak-In**? Zugang nur mit **Sneakern**?

Selten einmal übernehmen andere Sprachen Wörter von uns. Man kann sie an einer Hand abzählen. **Wunderkind** und **Zeitgeist,** für die sich kein englisches Äquivalent findet, sind schöne Beispiele. Warum sollte man also hier bei uns das schöne Wort **Geist** durch **Spirit** ersetzen? Eher zweifelhaft ist das „**Autobahn proven**", in der US-amerikanischen Werbung ein Verkaufsargument für schnelle Autos, das unser fehlendes Tempolimit feiert. Und obwohl es nirgendwo eine Übersetzung für **Impfneid** gibt, will es keiner importieren. Seit es mehr als genug Impfstoff gibt, ist das Wort auch schon wieder spurlos verschwunden.

Wie auch immer, die Fülle an Anglizismen ist nicht auf ein paar Seiten oder Spalten abzuarbeiten. Hier werden nur die genannt, die gar zu blöd und peinlich sind.

Aus Gründen des Widerstands.

Wie mein Freund meint: „Man muss das mal sagen, damit sich die Leute nicht daran gewöhnen."

Ansagen oder „Fresse halten angesagt"

Wie schon beim **andenken** wird die Vorsilbe **an** auch anderweitig missbraucht. In Verbindung mit einem Verb ist sie unter anderem geeignet, den Beginn einer Handlung ausdrücken.

Es ist ein Zeichen der zunehmenden Maulfaulheit in der Umgangssprache und den Medien, dass sie oft zur Verkürzung eines Sachverhaltes eingesetzt wird.

Wenn man laut Pressemitteilung im Strandbad Weißensee **anbaden** kann, erspart man sich die „Eröffnung der Badesaison".

Zeitgleich und wetterbedingt wollen dann auch alle **angrillen**. Ab Oktober bieten die Ski-Gruppen der Sportvereine gymnastische Übungen zum **Anwintern** an. Drogenverkäufer, die ganzjährig Erfolg haben wollen, müssen potentielle Kunden **andealen**. All das ist sowohl im wortwörtlichen als auch im übertragenen Sinn: *unsäglich.*

Es gibt Verben, bei denen die Vorsilbe **an** dazugehört. Im Winter werden Rehe und Hirsche **angefüttert.** Auch Angler kennen den Terminus. Was für Fische unerfreulich enden kann, ist bei Menschen – als Bestechungsversuch – zwar perfide, aber oft willkommen. Ethisch positiver ist es, wenn der Vorarbeiter den Hospitanten **anlernt.** Ein Lehrer kann sich bei den Schülern **anbiedern**, wenn er von seinem Insta (!) Account erzählt. All das ist sprachlich korrekt.

Aber wenn die von mir sehr geschätzte Manuela Schleswig in einem Interview sagt: „**Der Bürger ist angenervt...**", schwindet meine Sympathie. Schon das Wort **genervt** zu benutzen. Wäre arg umgangssprachlich, aber **angenervt** geht zu weit. Da könnten sprachsensible Leser **angefressen** sein.

Eine Kategorie für sich ist das **Ansagen**. Eine **Ansage** ist ein Sprechakt, der fast überall vorkommen kann. So kann der Beginn einer Sendung, einer Veranstaltung bekannt gegeben werden. Stadionsprecher kündigen das Einlaufen der Mannschaften an oder fordern einen Falschparker auf, sein Auto zu entfernen. Im Fernsehen wird die nächste Dokumentation, der nächste Film **angesagt.**

In vor-digitalen Zeiten konnte man sich per Telefon die Uhrzeit **ansagen** lassen und bei manchen Kartenspielen (Bridge) ist es bis heute die Angabe des Kartenwerts beim Bieten.

Österreichische Schüler mögen die **Ansage** (Diktat) ganz und gar nicht.

Die **Ansage** kann auch eine herausfordernde Ankündigung, eine Stellungnahme oder Ermahnung sein. Die macht der Trainer in der Halbzeit an seine Spieler, der gereizte Lehrer vor seiner unruhigen Klasse oder die Mutter eines unordentlichen Jugendlichen. Gewünschte Verhaltensweisen werden eingefordert, vor unerwünschten wird gewarnt oder mit Konsequenzen gedroht. So auch bei Bemühungen, den Zigarettenkonsum einzuschränken: „Dem blauen Dunst wird der Kampf **angesagt**." Oder an die Spieler des SB Chiemgau gerichtet: **„Ab jetzt ist Abstiegskampf pur angesagt"**.

Das **Ansagen** hat sich epidemisch schon in allen möglichen Lebensbereichen verbreitet, in denen es eigentlich nichts zu suchen hat. Es **wird** nichts mehr angesagt, es **ist** etwas **angesagt.** So meint der Weitgereiste, dass es in Marokko **angesagt** sei, mit dem Taxifahrer zu handeln. Die Wörter **notwendig, üblich** oder **empfehlenswert** wären passender. Besonders ärgerlich ist die **Ansage,** wenn sie als Trend oder Modediktat daherkommt. Geringelte Socken zu Sandalen sind **angesagt,** ebenso wie der **Man-Bun Undercut** – egal, wie scheußlich man beides findet. Es ist **angesagt,** beim Knipsen von Selfies in **angesagten** Clubs eine Entenschnute zu ziehen und Capital Bra für den **angesagtesten** Rapper zu halten.

In YouTube Filmchen – von Bloggern und Influencern zum Zwecke der Selbstvermarktung oder als (für sie lukrative) Produktwerbung rausposaunt – ist das **Angesagte** das Thema überhaupt.

In Mode- oder „Lifestyle"-Magazinen werden die Urheber der **Ansagen** hingegen oft nicht genannt. Es **ist** einfach **angesagt.**

Dort ist für Frauen, ob emanzipiert oder nicht, besonders viel **angesagt.** Auf der Seite von „she-works" heißt es unter dem Titel „Businesslook für Businessfrauen: „**Mehr Vielfalt und mehr Weiblichkeit sind angesagt**". Ob Puffärmel, Ethnomuster, Knitwear-Pieces und Bermudas, alles ist **angesagt**. Wenn der Schrank allerdings zu voll wird, dann ist „**Ausmisten angesagt**".

Vor 20, 30 Jahren hätte man noch gesagt, etwas sei **in**. Da konnte man entscheiden, ob man **in** sein wollte oder nicht. Das **Ansagen** geht weiter: Der Aufforderungscharakter, wenn es darum geht, einer Mode zu folgen oder einen Habitus nachzuahmen, ist stärker.

Auch bei Umwelt-Themen ist besonders viel **angesagt,** vom Fassadengrün über naturnahe Hecken bis zum ökologischen Waldbau und „Bio" sowieso. Der Nordkurier wirbt für „Flauschige Ferien auf der Alpakafarm in Rubkow" mit: „**Einfach ist angesagt**". Für unsichere Köchinnen gilt: „**Bei Kürbissen ist Schälen angesagt**." Ach ja, wer hätte das gedacht! Man kann sie auch einfach nur schälen, die Kürbisse.

Auf alles müssen wir penetrant hingewiesen werden. „**5G ist angesagt**" – auch das wissen wir bereits.

Aber wir müssen auch **Ansagen** zu moralischem Verhalten ertragen. Die Mittelbayerischen Nachrichten ermahnen uns im Hinblick auf Pflegepersonal mit: „**Wertschätzen ist angesagt**"!

Wenn es in „Tichys Einblick" heißt: „**Toleranz ist angesagt**", muss man allerdings genauer hinsehen.

Im Oktober 2021 liest man mehr als einmal, dass für die CDU (völlig berechtigt) „**Demut angesagt**" ist. Aus der Empfehlung wird leicht ein Verhaltensdiktat.

Für Arbeitsgruppen aller Art gilt, dass immer Teamwork **angesagt** ist. Wenn es brenzlig wird, so im Wahlkampf 2021 sagt Joschka Fischer in einem TAZ Interview schon mal: „**Attacke ist da angesagt!**" Eine typische Politiker-Floskel, für die man mit etwas Überlegung eine angemessenere Form finden könnte.

Aus „**...der Sicht des Gesetzgebers sei Vorsicht angesagt...**" so ein Kommunalpolitiker zum Thema Rentenreform. Dass „der Gesetzgeber Vorsicht walten lassen müsse" ist wohl grammatisch zu anspruchsvoll oder einfach zu lang.

Liebhabern von Luxusautos ist sowieso alles egal, sie freuen sich (politisch nicht korrekt) mit Focus online: „**Vollgas ist angesagt.**" Berichtet wird über die Autos im letzten Bond-Film mit Daniel Craig: „Auch 2021 wird James Bond weder gendern noch Elektroautos oder Lastenräder fahren". Da wären wir nie drauf gekommen. Wählerische Cineasten lesen in der Schwetzinger Zeitung über den Film „Titane": „**Bodyhorror ist angesagt.**" Ob das die Botschaft des Films ist? Jedenfalls klingt es gut in den Ohren der Provinzschreiber. Und mal ehrlich: Bei Filmen mit so eindimensionalen Schauspielern wie Sylvester Stallone oder Dwayne Johnson muss uns eigentlich niemand mehr sagen, dass „**Action angesagt**" ist.

Abgesehen von dem Druck, den diese **Ansagen** erzeugen, ist das Wort oft überflüssig. Es wird leichthin, viel und gerne in allen gesellschaftlichen Bereichen, in Politik, Wirtschaft, Kultur oder Arbeitswelt eingesetzt. Besonders unter Journalisten ist der Ausdruck beliebt, er lässt sich vielseitig nutzen und man muss nicht länger nach geeignetem Vokabular suchen.

Ist irgendwo allerdings Frohsinn **angesagt**, sollte man schnell das Weite suchen und es mit der Aufschrift auf Mario Barths T-Shirt halten. Da steht nämlich: „**Fresse halten angesagt.**"

Aufschrei oder Empört euch!

Viele Menschen auf der Welt schätzen die Deutschen, ihre solide Demokratie, die funktionierende Wirtschaft. Politik und Presse gelten als seriös, Meinungsfreiheit ist ein hohes Gut. Eigentlich müsste daher ein entspanntes gesellschaftliches Diskussionsklima im Lande vorherrschen. Und doch ist zu beobachten, dass sich in Pressekommentaren und anderen Medien viele Formen der heftigsten Empörung breit machen. Von der BILD Zeitung sind wir das seit Jahrzehnten gewöhnt. Mit reißerischen Schlagzeilen wurden dort schon immer die Verkaufszahlen angeheizt.

Fett gedruckt und damit laut äußern mittlerweile auch die Schreiber seriöser Medien ihren Unmut über politische Entscheidungen, Fehlentscheidungen und Skandale (echte oder vermeintliche), in der Überzeugung, damit die Gemütslage ihrer Leser zu treffen.

Und damit wären wir beim **Aufschrei**.

Weit entfernt vom Kontext in Geisterbahnen oder Fußballstadien ist der **Aufschrei** eine Sonderform des Schreis, er ist Ausdruck von Empörung. Blickt man zurück, so stößt man auf eine Bronzeplastik von 1961 auf dem Friedhof von Herne, die mit der Aufschrift „**Aufschrei**" der Soldaten des 1. und 2. Weltkrieges gedenkt. Es ist Schmerz, Klage, Anklage und Reue zugleich.

50 Jahre später wird – sozusagen als verwandtes Thema – die „**Aktion Aufschrei / Stoppt den Waffenhandel**", gegründet, die seitdem mit einer breiten Basis aktiv ist.

Als Ausdruck von Trauer und Verlust steht das Wort in der Überschrift zu einem offenen Brief der Eltern an Politiker anlässlich des Amoklaufs in Winnenden: **„Der Aufschrei der Eltern"** (22.3.2009 STERN).

Bei diesen Beispielen geht es um den Protest gegen Gewalt, um das Leid, von Gewalt verursacht.

Eine etwas andere Bedeutung vermittelt das Wort schon ab 1988. Die Geschichte eines missbrauchten Kindes, erzählt von Truddi Chase

(„When Rabbit Howls"), erhält bei uns den Titel F: **„Aufschrei"**. Die Gewalt, die von Sexismus und sexuellem Missbrauch ausgeht, wird in der Folge immer mehr mit diesem Ausdruck verbunden.

2010 berichtet der STERN noch über einen eher harmlosen Fall: **„Ein Online-Werbespot von Air New Zealand sorgt im Netz für Aufschrei"**. Die Airline hatte in dem Video Frauen über 40 als potentielle „Cougars" (ältere Frauen, die auf jüngere Männer Jagd machen) dargestellt.

Gravierender ist die Übergriffigkeit des FDP Politikers Rainer Brüderle auf die Journalistin Laura Himmelreich, die dies im STERN öffentlich macht. Der Vorfall wird zum Anlass für den Hashtag **#Aufschrei,** der auf Twitter Berichte von Frauen über Alltagssexismus sammelt. Viel diskutiert und mit dem „Grimme Online Award" ausgezeichnet, mündet die Aktion schließlich in eine Kampagne für Gleichstellung und gegen Gewalt gegenüber Mädchen und Frauen, die zu Recht bis heute andauert. Mit der hoffentlich ironisch gemeinten Schlagzeile **„Brüderles Aufschrei"** berichtet der STERN über das Buch des Attackierten: „Rainer Brüderle – jetzt rede ich" (2014), in dem er sich als Opfer der Zeitschrift sieht, mit dem Recht auf seinen eigenen **„Aufschrei"**.

Nicht immer hat man Verständnis für das Opfer von Sexismus.

In einem Interview mit Vox News beklagt sich die in Lack gepresste und mit Domina-Zubehör geschmückte Ex-Wrestlerin Paige, dass sie sich in Therapie begeben musste, nachdem „private" Videos veröffentlicht wurden. Der STERN stellt fest: **„Der Aufschrei nach dem Leak ihrer Sex-Videos war groß"**. Wer hat da geschrien? Oder, wen interessiert's?

Das starke Wort wird durch zweifelhafte Anliegen oft abgeschwächt oder banalisiert. So wirkt das Cover für den Gedichtband **„Aufschrei"** von Felicia C. Gerber nur peinlich: Eine Blondine präsentiert sich in einer sexy Pose mit Flügeln und Sonnenbrille. Über welche fürchterlichen Dinge mag sie sich beklagen? Auch der Kommentar des STERN zum „Shitstorm" gegen Calvin Klein, der keine dicken Models sehen will, ist etwas überzogen: **„Ein neues Calvin-Klein-Model sorgt für einen Aufschrei, da sie zu dünn sei für Größe 40"**.

Aber es geht nun mal um Aufmerksamkeit. So hat das Buch von Zela

Sol: „**Aufschrei – Die Geschichte eines Trennungskindes**" seinen Titel wohl aus diesen Gründen. Die Autorin verarbeitet eigene Erlebnisse und trifft laut Verlag: „...mit der Seele als Federführer ... gerne des Pudels Kern..." Geschichten oder Sachbücher über Kinder, die unter der Trennung ihrer Eltern leiden, aus Marketinggründen mit dem Klischeewort **Aufschrei** zu verbinden, ist unsensibel.

Als im Oktober 2010 mit „**Aufschrei der Seele**" über die dramatische Situation von Jugendlichen mit Essstörungen berichtet wurde, hatte das sicherlich eine starke Wirkung und eine aufklärerische Funktion für die Leser. Im Januar 2013 rutscht das Wort aber schon in banale Regionen ab: „**Der jüngste Aufschrei stammt von Brigitte Bardot.**" Sie echauffiert sich über Gerard Depardieus Flucht vor der Reichensteuer in Frankreich nach Russland. Die tierliebende ehemalige Schauspielerin, die sich 2003 mit ihrem Buch „**Un cri dans le silence**" über die Islamisierung Frankreichs auslässt, vor verweichlichten Männern warnt und die moderne Kunst kritisiert, hat, wie viele politisch rechts Orientierte, einen Hang zur Endzeit-Dramatik.

All das zeigt, wie sich der **Aufschrei** entwickelt hat, in einem breiten Spektrum zwischen Alltagssexismus und politischem Skandal bis hin zur Currywurst.

Denn wenn es um alt hergebrachte Essensgewohnheiten geht, ist der Deutsche zu heftigsten Reaktionen bereit. Im August 2013 findet man – wiederum im STERN – den Titel: „Der Veggie Day teilt das Land": „**Der Aufschrei war laut, doch eine STERN-Umfrage zeigt: 50% der Deutschen finden den von den Grünen vorgeschlagenen Veggie Day gut.**" Peinlich ist, dass fast 20 Jahre später Ex-Kanzler Schröder (samt koreanischer Gattin) genauso lautstark das Wort erhebt gegen den Verzicht auf Currywurst in den Kantinen bei VW. Der sei schließlich der „Kraftriegel der Facharbeiter:innen" und der von ihm initiierte Hashtag #rettetdiecurrywurst bekräftigt seine Empörung.

Zu leichthin und zu oft gebraucht, verliert das Wort an Drastik und der Nachricht geht es dann wie dem „Kind, das Wolf schrie" in der Fabel von Äsop.

Im „Netz" wird besonders laut aufgeschrien. Weil es dabei nicht immer um besonders zu verurteilende Formen von Gewalt geht, verwässert sich der Ausdruck und seine Wirkung. Einen guten Überblick verschafft uns wieder der STERN, der unter dem Stichwort eine Vielzahl von Artikeln der letzten Jahre versammelt.

So tritt der **Aufschrei** in politischen Zusammenhängen immer wieder auf: „**CDU-Vize Laschet fordert Aufschrei gegen Trittin**" (wegen Verwicklung in die Pädophilie-Affaire seiner Partei in 2013) Als Kanzlerkandidat wird ihm 2021 dagegen eine eher „lasche" Haltung vorgeworfen.

„**UN-Klimakonferenz steht vor dem Scheitern – neue Textentwürfe sorgen für Aufschrei**" kann man 2019 als Kommentar zur 25. Weltklimakonferenz in Madrid lesen. Und die ARD produzierte 2020 die Dokumentation: „**Aufschrei der Jugend – Generation „Fridays for Future**". Vor der Umweltkrise kann nicht genug gewarnt werden. Ob **Aufschreien** dabei dienlich ist?

Manchmal geht es um Geld, wie bei der Dokumentation (Phoenix plus, 2021) über die Covid-Pandemie und Solo-Selbständige, die bei der Corona-Hilfe vergessen wurden: „**Corona-Aufschrei der Einzelkämpfer**". So wie zuvor beim Ärzteblatt, das 2008 offenbar verzweifelt fragt: „**Vertragsärzte. Wo bleibt der Aufschrei?**", als es um Einschränkungen für Verträge mit den Kassen geht. Die ungleiche Bezahlung für die Schauspielerin Claire Fog („Queen") sorgte nach dem: „**Aufschrei mit positiven Folgen**" (Stern Juni 2018) für eine Lohnnachzahlung von 230.000 Euro. Über zu wenig Bafög **schreien** auch schon mal die Studenten **auf**. Im Juni 2021 gibt es einen: „**Aufschrei unter Nachwuchswissenschaftler:innen**", wie zdfheute berichtet; es geht um befristete Verträge und prekäre Beschäftigungslagen an Forschungseinrichtungen. Ob Schreien hier Erfolg verspricht, bleibt unklar.

Geht es nicht um Geld, ist der **Aufschrei** fast immer die Forderung nach mehr Moral und Gerechtigkeit. Und oft geht er „**durch das Land**".

Natürlich ist die BILD Zeitung dabei, wenn sie 2021 mit: „**Wo bleibt der Aufschrei?**" über den „Ehrenmord" an einer jungen Afghanin durch ihre Brüder berichtet. Untertitel: „Von der Politik nur dröhnendes Schweigen". Die Wortwahl legt nahe, dass es eher um Sensationsgier geht, denn um Mitgefühl oder eine gesellschaftliche Position zum Thema.

Von einem schrecklichen Femizid zu kleinen Papierchen: Im Dezember 2019 heißt es im STERN: „Ab 1. Januar gilt die Bonpflicht auch bei kleinen Händlern wie Bäckereien. **Der Aufschrei ist groß**".

Wo ein Mord und ein Kassenbon die gleiche Aufregung auslösen, stimmt etwas nicht. Banales vermischt sich immer mehr mit wirklich Wichtigem.

Banal ist es, wenn der Hashtag #Bayern3Racist aufklärt: „**Das steckt hinter dem Aufschrei der K-Pop-Fans**". Ein Moderator von Radio Bayern 3 hatte im Februar 2013 die Boyband aus Korea dummerweise „Pisser" genannt und mit dem Coronavirus verglichen. Das kann man sich als Fan natürlich nicht gefallen lassen.

Auf maximale Aufmerksamkeit zielt der **Aufschrei** einiger Autoren. Einen weiten Bogen spannt Norbert Blüm 2016 mit seinem Buch: „**Aufschrei! Wider die erbarmungslose Gesellschaft**", in dem er Auswüchse von Geldgier und rücksichtslosem ökonomischen Denken beschreibt.

Auch Hannes Jaenicke wird laut mit dem Titel: „**Aufschrei der Meere – Was unsere Ozeane bedroht und wie wir sie schützen müssen**". Jaenicke hat ein ehrenwertes und notwendiges Anliegen, dem offenbar nur mit Schreien Gehör zu verschaffen ist. Wenn er denn bei all dem sonstigen Gebrüll noch zu hören wäre. „**Diese Idioten haben alles niedergebrannt – Aufschrei von weinender Brasilianerin geht viral**" steht in stern.de 2019 zum Thema Brandstiftung im Südosten von Brasilien. Bis jetzt hatte auch dieser **Aufschrei** kaum Folgen.

Die Empörung in den letztgenannten Beispielen ist mehr als nachvollziehbar. Ob die abgedroschene Formel den zu lösenden Problemen dient, ob die **Aufschreie** eine Wirkung haben, ist zu bezweifeln.

Denn wenn nur noch geschrien wird, gibt es keine Zwischentöne mehr, keiner hört mehr hin. Eine immer wiederkehrende dramatisierte, formelhafte Sprache schwächt jedes berechtigte Anliegen ab. Obwohl es den Begriff „**outcry**" auch im Englischen gibt, wird er in der englischsprachigen Presse nicht so exzessiv gebraucht wir bei uns.

Bernd Graff spricht in der Süddeutschen Zeitung von „Skandalparanoia". Das Wort **Aufschrei** sei „Teil einer immer übertourig laufenden Erregungsmaschinerie". Damit spricht er besonders die sozialen Medien an, wo alles und jedes höchst empört kommentiert wird.

Missstände deutlich zu machen, ist wichtig. Aber viele Schreiber von Blogs und die Mitarbeiter in den Printmedien (mit den dazugehörigen Internetseiten) gefallen sich darin, mit extremem Empörungsvokabular um sich zu schlagen. Der **Aufschrei** ist eines davon.

Vielleicht meinen sie, für alle Bürger zu sprechen. Denn viele, die früher noch geduldig und vertrauensvoll politisch-gesellschaftliche Prozesse verfolgten, haben sich gewandelt.

Die Stimmung hat sich verändert und durch Corona, die Klimakrise und neuerdings den Krieg in der Ukraine noch verschärft.

Rationalität wäre da mehr als sonst das wichtigste Instrument des öffentlichen Diskurses.

Stattdessen wird Dampf abgelassen, wenn nicht alles so läuft, wie jeder es gerne hätte. Verwöhnt von einem Staat, der ihnen zu dienen hat, wagen sich immer mehr weibliche und überwiegend männliche „Wutbürger" und „Querdenker" in die Öffentlichkeit. Ihr Anspruchsdenken und ihre unreflektierte Rechthaberei führt zu unmäßigen, irrationalen Formen des Protests. Diese **Aufschreier** sind nicht nur ungehalten, sondern am Limit, sie fühlen sich angegriffen, beleidigt, missachtet.

Es sind die, die meinen, ihre Interessen oder Grundrechte würden „**mit Füßen getreten**".

Die unübersichtliche Menge der **Aufschreie** und **Aufreger des Tages** fördert Polarisierungen und es entsteht das, was mit einer weiteren Floskel als „**tiefer Riss, der durch die Gesellschaft geht**" bezeichnet wird.

Wie auch immer, wichtig ist, was Bertolt Brecht schon sagte:

„**Zorn und Unzufriedenheit allein genügen nicht, so etwas muss praktische Folgen haben!**".

Bauchgefühl

In der Körpermitte, im Bauch, befinden sich viele lebenswichtige Organe, vor allem die, die mit der Nahrungsverarbeitung und dem Verdauungsprozess zu tun haben.

Der Bauch steht außerdem für mehr oder weniger üppige Wölbungen durch Ansammlung von Fett. Es sei denn, es handelt sich um den überall so gefeierten „Waschbrettbauch".

Seit einiger Zeit hat der Bauch an Prestige gewonnen, denn für viele Menschen ist er das verantwortliche „Organ", wenn es um die Intuition geht. Er soll bei Entscheidungen und allerlei wichtigen Fragen helfen.

So sprechen manche Menschen gerne von ihrem **Bauchgefühl**, sie bezeichnen sich mit Stolz als **bauchgesteuert** oder gar als **Bauchmensch**. (In Abwandlung dazu bezeichnen sich auch einige Zeitgenossen als **Herzmensch** oder **Kopfmensch**)

Die mit dem **Bauchgefühl** berufen sich darauf, dass es kein rein rationales, nur von der Vernunft/dem Gehirn gesteuertes Denken und Verhalten geben könne und räumen daher ihrem **Gefühl** einen größeren Spielraum ein. Früher noch im Herzen verortet , ist das jetzt heruntergerutscht und im **Bauch** gelandet. Das Wort **Bauchgefühl** hat das Wort **Gefühl** damit fast verdrängt. Irgendwann könnte es dann im Enddarm ankommen.

Der weit verbreitete Ratschlag, auf seinen Körper oder seinen Bauch „zu hören", ist bei der Ernährung und gesundheitlichen Problemen sicher von Vorteil. Es ist auch jedem klar, dass Intuition oder Gefühl und damit die im Unterbewussten gespeicherten Erfahrungen eine große Rolle spielen.

Aber obwohl die blödsinnige Herzchen-Zeigerei mit beiden Händen zur Epidemie geworden ist, reden viele Leute vielleicht nur ungern über **Gefühle**. Sich auf ihr **Bauchgefühl** zu berufen, wäre dann der leichteste Weg, um zu zeigen, dass sie sich nicht nur kalkuliert und kontrolliert verhalten. Denn auch Männer, die sich seltener emotional äußern, gebrauchen diesen Begriff ohne Scheu. Zu sagen: „Ich fühle…" oder auch nur: „**Mein Gefühl sagt mir**…", ist ihnen vielleicht zu persönlich, fast anrüchig, sie würden zu viel von sich preisgeben. So halten sie: **„Mein Bauchgefühl sagt mir**…" für angemessen distanziert und glaubwürdig zugleich.

Und so verkünden sowohl Frauen als auch Männer, dass sie ihrem **Bauchgefühl** „nachspüren", um ihre Stimmung, ihre Befindlichkeit zu erkunden. Besonders bei Angelegenheiten, die Freundschaft oder die Familie betreffen. Auf der Internetseite familie.de heißt es über sogenannte „Leihomas": „Bei der ersten Begegnung sollten alle Beteiligten vor allem auf ihr **Bauchgefühl** hören." Es versteht sich, dass bei solchen Entscheidungen auch Gefühl und Intuition wichtig sind. Für die Betreffenden liegt das eben im **Bauch**. Das sieht auch die Schulleiterin der Städtischen Realschule in Ochtrup so. Da es durch die Pandemie keinen Tag der offenen Tür geben konnte, meint sie, „…dass es für die Kinder wichtig gewesen wäre, einen Fuß in die Schule zu setzen, um ein **Bauchgefühl** zu bekommen." (Westfälische Nachrichten 11/2020). Für die Eltern wäre eine andere Wortwahl sicher informativer gewesen.

Bei Männern ist es der Sport, vor allem der Fußball, bei dem der Bauch eine wichtige Rolle spielt. Einen prominenten Vertreter benennt die Frankfurter Rundschau: „Daten & Analysen: **Löw vertraut vor allem auf Bauchgefühl**". In der Bildzeitung heißt es: „**Torwart-Entscheidung war ein Bauchgefühl**". Auch Sascha Möldens (TSV München) oder Marcus Ingvartsen (Mainz 05) verlassen sich auf ihr „**gutes Bauchgefühl**".

Doppelt bauchig und gleichzeitig bedenklich wird es bei der Inhaberin der Hebammenpraxis „**Bauchladen**". Sie befürchtet die Schließung, sie habe: „**kein gutes Bauchgefühl**". (Westfälische Nachrichten 6/2019)

Es scheint, als sei diese Art der Intuition oft nützlich. In der Westdeutschen Zeitung (07/2021) wird über Polizeieinsätze bei Drogen-Kontrollen im Grenzgebiet zu den Niederlanden berichtet. Einer der Polizisten winke die Autofahrer nach „**Bauchgefühl und Fahrverhalten**" heraus. Es ist anzunehmen, dass die Intuition des Polizisten sich aus langer Erfahrung speist. Gutes bewirkt auch ein Vater aus Melsungen (HNA 08/2021), dessen Entscheidung, seinen Sohn im Impfmobil impfen zu lassen, aus dem **Bauch** heraus entstanden sei. Als ob nicht monatelang genügend rationale Argumente zugänglich gewesen wären. Über eine Schlagzeile des SWR (1.10.2021) kann man sich nur wundern: „Politikwissenschaftler über Sondierung: „**Bauchgefühl deutet auf eine Ampel hin.**"

Über den Bauch kann man die Menschen beeinflussen. Das weiß auch die AfD. Wie der Münchener Merkur (7.10.2021) berichtet, habe die versucht mit dem geheimen „Strategie-Dossier Friedrich Merz: „..bei den Wählern ein grundsätzlich unwohles **Bauchgefühl** zu seiner Person zu schaffen.""

In den Westfälischen Nachrichten, es geht um die Landesstraße 510, heißt es: „Ich teile Ihre Meinung nicht, meinte etwa L. Schabbing (CDU) – **ohne nähere Belege als sein Bauchgefühl.**" Der Autor vermisst ganz klar eine nachvollziehbare Argumentation. Auch nicht gerade vernünftig ist es, wenn der Billerbecker Anzeiger beim Kauf einer Luxusuhr rät: „**Wichtig ist, dass man auf das eigene Bauchgefühl hört**".

Schon absurd, dem „Bauch zu folgen", wenn es darum geht, über 20.000 Euro für eine Uhr auszugeben – auch wenn es der eigene ist.

Nicht zuletzt erstreckt sich die Zuständigkeit des **Bauches** bei vielen Menschen – wie sie offen zugeben – auch auf ihre Kenntnisse von den Dingen in der Welt.

Ein Beispiel dafür wäre das **Bauchgefühl** als Entscheidungsinstanz in Quiz-Sendungen. Dann, wenn der Ratende bei Günther Jauch oder anderen Fernsehfragern keine Ahnung hat, beruft er sich auf seinen **Bauch** und tippt auf das, was der ihm „sagt". Es scheint fast, als hielte er seinen **Bauch** für fähig, Wissen zu speichern und abrufen zu können. „**Mein Bauchgefühl sagt mir, dass dieses Zitat von Goethe ist...**".

Beim üblichen Multiple Choice stünde seine Chance nicht so schlecht, das Richtige zu treffen. Sein **Bauchgefühl** stünde dann als kompetente Autorität über seinen rationalen Fähigkeiten.

Da es endlos viele und täglich ausgestrahlte Quiz-Sendungen gibt, wird das Wort auch von Prominenten so oft benutzt, dass seine Verbreitung und sein Gebrauch im Alltag ständig zunimmt. Der **Bauch** wird zu einer anerkannten Autorität und das **Bauchgefühl** endgültig zum Modewort.

Prompt nutzen das die Besitzer von gleichnamigen Restaurants in Borken, Görlitz, Potsdam, Darmstadt und Homberg. Restaurants und Bauch – das passt immerhin. Vor allem, wenn sie mit Basilikum, Dill und Thymian für Geschmack und ein gutes **Bauchgefühl** sorgen. (Sprich: Blähungen verhindern)

Es passt nicht mehr, wenn das **Bauchgefühl** zur Basis wird für die Meinungsbildung.

Die Welt intuitiv zu betrachten und zu bewerten wird immer selbstverständlicher. Wenn Steve Jobs sagt: „**Intuition ist mächtiger als der Verstand**", dann folgen ihm viele. Unter Psychologen wird das **Bauchgefühl** allerdings als „Wissensillusion" gesehen. Für viele ist es trotzdem das Nächstbeste, wenn sie sich ohne Faktenwissen entscheiden müssen. Hoffen wir also auch das Beste für die CDU, wenn der Landesvorsitzende von Rheinland-Pfalz Christian Balduf in SWR Aktuell (28.9.21) sagt: „Es ist eine der Lehren aus der Bundestagswahl, ...mehr auf das **Bauchgefühl der Basis zu hören**."

Nicht viel anders ging es einer jungen Frau Tage zuvor. Der Nordkurier berichtet: „**Erstwählerin Johanna geht ihrem Bauchgefühl nach**". Als sei es dasselbe wie bei der Bachelorette Maxime, die ihre „**Entscheidung**" für die letzte Rose „**mit Bauchgefühl**" trifft. Was bei der Vermittlung von Straßenhunden aus dem Tierheim noch nachvollziehbar ist, muss nicht auf den Handel mit Kryptowährungen übertragen werden. Es sei denn, man folgt Vezira, einer „Humanenergetikerin" aus Klagenfurt, die auf ihre innere Stimme hört. Sie spricht vom „stummen Wissen" und bedauert ihre frühere Ignoranz: „Hätte ich doch nur auf mein **Bauchgefühl gehört**."

Klüger ist ein Autor des „Harvard Business Manager" Magazins, der teure Fehlentscheidungen von Managern in Deutschland kritisiert und mahnt, man solle „...**dem Bauchgefühl misstrauen!**"

Die Westfälischen Nachrichten zitieren einen Ausbilder, der schwer vermittelbare Jugendliche betreut: „Ausbilder: **Bauchgefühle** alleine reichen nicht". Skeptisch ist man auch auf der Seite von „Wirtschaft Regional Ostwestfalen-Lippe": „...zu viele Händler verlassen sich bei der Preisfestsetzung immer noch mehr auf ihr **Bauchgefühl** als auf Fakten", und fordern den Einsatz künstlicher Intelligenz im Einzelhandel.

In der Ausgabe vom 18.7.21 fragt DIE ZEIT: **„Bauchgefühl: Wie klug ist unser Bauch?"**. Und auch der STERN und andere Quellen beschäftigen sich differenziert mit dem Thema.

Aber es geht hier nicht vorrangig um die Abwägung zwischen Intuition und Rationalität. Sondern darum, wie eine populär gewordene Floskel als Rechtfertigung dafür dient, die Welt primär intuitiv zu erfassen und zu bewerten. Denn Informationen zu suchen, sie zu vergleichen und kritisch zu bewerten, ist zeitraubend und anstrengend. Solide Fakten und detaillierte Kenntnisse erlangt man aber nur über rationale Prozesse. Dazu ist nicht jeder bereit. Und wenn Twitter und andere soziale Netzwerke emotionalisieren und vereinfachen, trifft das Bauchgefühl des „Postenden" auf das des „Lesenden".

Mit der albernen Phrase: „Mach dir keinen Kopf" würde man dort offene Türen einrennen.

In der Folge prägen Gefühltes, Meinungen und Halbwissen mehr und mehr nicht nur unsere Entscheidungen, sondern auch unsere Werte und tragen zu Polarisierungen bei. Nämlich dann, wenn die so entstandenen Ansichten vehement verkündet, und ihre Akzeptanz fast militant eingefordert wird. „Das ist meine Meinung!" heißt es, ob es nun um die Corona-Pandemie geht oder die Klimakrise. Wissenschaft und Forschung werden ignoriert oder wenig geachtet und durch Intuition und „gesunden Menschenverstand" ersetzt. Intellektualität steht unter Verdacht oder wird abgelehnt. Indirekt wird damit auch der „Bildung" ihr Wert abgesprochen, zumal man mit ein paar Jokern und Multiple Choice Millionär werden kann.

So gesehen ist das **Bauchgefühl** mehr als eine sprachliche Marotte.

Information, Wissen und die kritische Abwägung von Entscheidungen sind wichtig für eine Gesellschaft, genauso wie Empathie und das Gefühl für soziale Verantwortung.

Das **Bauchgefühl** eher nicht.

Denn wenn in gewissen Internet-Foren emotionalisierte, nicht auf korrekten Fakten basierende Meldungen verbreitet werden, sind die **Bauchfühler** die ersten, denen ein X für ein U vorgemacht wird.

„Irgendwie baumelt meine Seele heute nicht so richtig"

Die baumelnde Seele

Seele: Was für ein wunderbares Wort. Es gibt kaum etwas, über das Menschen mehr nachdenken, nachgedacht haben. Man spricht von der **beseelten Natur, den seelischen Tiefpunkten, seelenvollen Augen, der Seelenverwandtschaft, vom Seelenpartner, der Seelenreise** und so endlos weiter. Manche glauben nicht an die Existenz einer Seele bei Mensch oder Tier, andere empfinden **Seelenloses, Entseeltes** als das Schrecklichste überhaupt. Ob Esoteriker, Quantenphysiker, Angehörige aller Glaubensgemeinschaften oder Agnostiker, alle halten die **Seele** für etwas nicht genau zu Fassendes und doch Bedeutendes. Es ist der Gegensatz zur Materie, unabhängig von Zeit und Raum.

Und dann soll man sie **baumeln** lassen?

Egal ob Wiktionary oder Duden, definiert wird die **baumelnde Seele** als körperliche und psychische Entspannung. Da das offenbar jeder von uns braucht, taucht der Ausdruck dann auch in allen Medien und im Alltag tausendfach auf.

Am 29.6.2021 gegooglet, erscheint bei Zeit online, T-online und der Süddeutschen Zeitung zeitgleich der Bericht über einen Trainer. Alle titeln identisch: „**Wetzlars Ex-Couch Wandschneider will Seele baumeln lassen.**" Der Handballtrainer sagt dazu: „Ich werde den lieben Gott einen guten Mann sein lassen und einfach mal 2-3 Wochen Fahrrad fahren". So einfach ist das mit der **baumelnden Seele**, ein Fahrrad genügt da schon.

Etwas schwerer nachzuvollziehen ist die Schlagzeile auf Focus Online vom Januar 2014: „**Einmal die Seele baumeln lassen. Total entspannter Gaul dank Pferdeyoga**".

Wie die „Kobra" bei einem Pferd aussieht, ist schwer vorstellbar, aber immerhin spricht der Focus dem „Gaul" eine Seele zu.

Für Werbetexter ist es klar: Ob duftendes Kräuterbad mit einfühlsamer Massage in einem alkohol- und rauchfreien Hotel oder beim Nordic-Walking-Kurs, überall hat die **Seele** Gelegenheit zum **Baumeln**.

Mit der **baumelnden Seele** wird für einen Whirlpool geworben, für den Besuch der städtischen Grünanlagen, für den Einkaufsbummel in Passau genauso wie für eine urige Hütte in Ramsbach. Der Ort spielt genau so wenig eine Rolle wie Geld. Denn bei einem Glas Wein am Rhein oder auf der Kraterinsel Deception Island (Vorsicht, das könnte ein Reinfall werden), in der „Pension Sonne" in Fladungen oder vor den rauschenden Wellen des Pazifik – **baumeln** geht – so die Überschriften der Prospekte und Internetseiten – überall. Man sieht, die Tourismusindustrie hat den Begriff weidlich ausgebeutet.

Wie sehr unterscheidet sich dieser Gebrauch von seiner ursprünglichen Quelle. So heißt es bei Kurt Tucholsky in „Schloss Gripsholm": „**Wir lagen auf der Wiese und baumelten mit der Seele.**" Es ist poetisch, zärtlich und zugleich etwas ironisch, wie Tucholsky eine Situation im schwedischen Sommerurlaub eines verliebten Paares beschreibt.

Der Journalist und Schriftsteller Axel Hacke hat sich im Magazin der Süddeutschen Zeitung (August 2013) mit der Frage der baumelnden Seele beschäftigt und dabei eine weitere Textstelle in einem Artikel von Tucholsky in der „Weltbühne" (1926) entdeckt. Tucholsky betrachtet da „viereckige, dahinschlapfende" Urlauber in Tirol: „ **Alles baumelt an ihnen, auch die Seele.**" Das hört sich schon ganz anders an, hier ist der Mensch samt seiner **baumelnden Seele** nichts Heeres oder Erfreuliches mehr. Das spricht für die Freiheit des Dichtenden.

All dies weiß der heutige, gemeine Erholungsuchende nicht.

In Anbetracht von Urlaubsratgebern aller Art meint Hacke: „Bemerkenswert ist vor allem, dass man dem **Baumeldeutschen** jetzt schon erklären muss, wie man sich erholt. Ja, können die Leute gar nichts mehr von alleine?".

Besser kann man es nicht sagen.

Der **Baumeldeutsche** – das trifft es – und damit ist sowohl die Seele an sich, wie auch die literarische Kreation Tucholskys auf den Hund gekommen.

Das vom Urlauber gewünschte „**Baumeln der Seele**" wird ihm angedient von einer zunehmend expandierenden Industrie.

Dabei wird der großartige Begriff der Seele auf ein Dösen im Kräuterbad des Wellness-Hotels reduziert. Und es sind alle gesellschaftlichen Gruppen, die die **Seele baumeln lassen** wollen. Nicht jedem genügt das Abhängen am „Strand" des Plötzensees. Für Besserverdienende empfiehlt die „Red Bull TV App": **„15 perfekte Orte um die Seele baumeln zu lassen"** von Island über Kalifornien bis Hawaii.

Wie exotisch und fein es überall dort auch sein mag: Umgangssprachlich steht das Wort **baumeln** für „schlottern, schlackern, schlappen" und das hat nichts wirklich Edles. Schon gar nichts, was einer Seele angemessen wäre. Von düsteren Assoziationen von Gehängten mal abgesehen, **baumeln** auch die männlichen Geschlechtsteile oder die Affen im Zoo.

In seiner Kleinbürgersatire „Onno Viets und das Schiff der baumelnden Seelen" macht auch der Autor Frank Schulz keinen Hehl daraus, was er von selbigen hält.

Und es können nur deutsche Werbeagenturen sein, die zu allem Überfluss den Ausdruck dann auch noch mit „ **Let your soul dangle**" in die Übersetzungen ihrer Tourismusangebote knallen. Das ist „Denglisch" übelster Art und wird sich hoffentlich nicht in die englische Alltagssprache einschleichen.

Wie viel schöner ist da der Satz: **„Let your mind wander"**. Das träfe durchaus den Kernsatz von Tucholsky.

Blanke Nerven

Gefühle mit starken Worten zu äußern ist sehr populär geworden. Wie authentisch das ist, ist eine andere Frage.

Personen des öffentlichen Lebens – allen voran Politiker und Politikerinnen – fühlen sich verpflichtet, emotional tiefe Botschaften zu senden, wenn es um Unglücksfälle und Katastrophen geht. Ohne anzweifeln zu wollen, dass die Sprecher tatsächlich Mitgefühl haben, klingen diese doch immer gleich und damit wenig überzeugend. Sie sind **betroffen, zutiefst betroffen, erschüttert** und **zutiefst erschüttert**.

Politisch und gesellschaftlich extremistische Erscheinungen werden zu Recht benannt und verfolgt, aber müssen diese immer „**...an den Grundfesten des demokratischen Rechtsstaats rütteln"**?

Mit dem Versprechen der „**brutalstmöglichen Aufklärung"** seiner dubiosen Spendenaffaire hat Roland Koch eine weitere Floskel erschaffen, um die **Wellen der Empörung** abzuschwächen. Die Begriffe: konsequent, gründlich, rücksichtslos erschienen ihm nicht wirksam genug.

Auf der Internetseite „Neusprech" wird auf die Absurdität des Ausdrucks hingewiesen. Denn brutal bedeute tierisch und unvernünftig und sei damit das Gegenteil von aufklärerisch. Koch hält Rohheit, Gefühllosigkeit und Gewalttätigkeit offenbar für geeignete Mittel eines rationalen Prozesses zur demokratischen Aufarbeitung des Falles. Hinter der emotionalisierten Aussage Kochs steckte übrigens dann nichts weiter als eine Lüge.

In kritischen Situationen liegen gerne mal **die Nerven blank** und das betrifft nicht nur Neuralgien, bei denen es eher die Apothekerzeitung ist, die Rat und Hilfe verspricht. Am 7.9.2021 berichtet deutschlandfunk.de :"**Merkels letzter Auftritt im Bundestag. Die Nerven liegen blank"**. Klar, die Union war unter 20% gerutscht, da kann man schon mal panisch werden. Auch andere Parteien bleiben nicht verschont. Auf bild.de hieß es bereits am 2.7.2021: „**Grüne im Wahlkampf nach Baerbock-Böcken. Die Nerven liegen blank"**.

Vor allem Corona hat eine Flut von **blanken Nerven** verursacht, die sich dann in heftigen Demonstrationen entladen haben.

In diesem Kontext titelt auch die Süddeutsche Zeitung in „SZ-Serien" über die Stimmung bei Schülern: **„Die Klassen von 2021. Die Nerven liegen blank".**

br24.de beklagt die Überarbeitung von Bürgerbüros und Rettungsdiensten: **„Service-Hotlines in der Pandemie. Die Nerven liegen blank".** Die Mitarbeiter werden beschimpft und beleidigt. Deren Belastung ist erheblich und nachvollziehbar, die Klischeefloskel weniger. Denn die **blank liegenden Nerven** tauchen ganz nach Belieben überall in den Schlagzeilen auf. Ob es die „Diakonie Pfalz" ist, die verzweifelten, von der Pandemie beanspruchten Eltern helfen möchte, oder wenn der Bundesverband der Systemgastronomie Stellung nimmt zu den Beschlüssen der Bund-Länder-Konferenz. Selbst das Bistum Mainz begründet die Corona-bedingten Einschränkungen der kirchlichen Aktivitäten mit **blanken Nerven.** Von Vertretern der Geistlichkeit hätte man doch mehr Fassung erwartet.

Viele Menschen sind nicht erst seit Corona so unter Stress. Anwohner der Pestalozzistraße in Grafschaft beschweren sich mit diesem Ausdruck über eine gefährliche Einmündung. In Bielefeld liegen die **Nerven** anlässlich „Schneeverkehrs" und eines Unfalls von zwei Autofahrern derart **blank,** dass „die Fäuste fliegen". Die Nervenkrise betrifft Pendler, die angesichts endloser Baustellen verzweifeln. **Blanke Nerven** verursacht der Stellenabbau im Ford-Werk in Saarlouis und bei der Arztsuche im Schwarzwald-Baar-Kreis sieht es nicht anders aus.

Auch die Bundesstiftung-Mutter-und-Kind.de warnt vor Gewalt, indem sie „Tipps für starke Eltern" gibt: **„Ihre Nerven liegen blank? Schütteln Sie niemals Ihr Baby."**

Wenn sich bei Hertha BSC Jérôme Boateng mit seinem Trainer Dardai zofft, liegen die **Nerven** genauso **blank** wie im Konflikt zwischen März und Brinkhaus. Im Streit um eine Psychiatrie in Berlin Mitte liegen (naheliegend) die **Nerven** ebenso **blank** wie in La Palma angesichts der Lavaströme.

Und endlos so weiter...

Diese Belastung kann durch das **Ringen** der **Hände** noch gesteigert werden.

Werben Industrie und Handwerk um Azubis oder Fachpersonal, geschieht dies immer „**händeringend**". Besonders die IT-Branche, das Hotel-und Gaststättengewerbe **ringt** permanent die **Hände**. Die versprachlichte Geste beklagt auch den Mangel an Pflegekräften, an Hebammen auf Sylt, an Kindergartenplätzen, Geldgebern und Praktika.

Das **Händeringen** ist eine Gebärde des Schmerzes, der Trauer, der Verzweiflung. Sie erinnert an das Gebet, bei dem höhere Instanzen angerufen werden. Wer **händeringend** eine Wohnung sucht, sollte über andere, mehr Erfolg versprechende Maßnahmen nachdenken.

Auf jeden Fall relativiert der inflationäre Gebrauch der Metapher seine ursprüngliche Dramatik. Der Ausdruck verliert an Bedeutung. Die durchgekaute Floskel verhindert eine vielseitige, informative und angemessene Wortwahl.

Woran liegt diese Zunahme von emotionalisierten Sprachformeln? Wird damit die zunehmende Kälte und Indifferenz in unserem Zusammenleben überdeckt?

Sind echte Gefühle derart rückläufig, dass durch Übertreibungen kompensiert werden muss? Oder geht es immer nur darum, möglichst viel Aufmerksamkeit zu bekommen, um die Botschaften gut zu verkaufen?

Wie schon das Kapitel „Der Aufschrei oder Empört Euch!" beschreibt, reicht es den Medien oft nicht, einfach nur zu informieren und zu argumentieren.

Es reicht nicht, nervös, berührt oder beunruhigt zu sein. Die Gefühle müssen explosionsartig, impulsiv und aufgewühlt sein.

Wir haben in Deutschland einen sehr kompetenten und freien Journalismus, sehr kluge und verantwortungsvolle Autoren. Aber je mehr sich diese superlativischen Elemente von der BILD-Zeitung bis zum Spiegel verbreiten, desto stärker wird die Stimmung zu allem und jedem undifferenziert aufgeheizt.

Bullshit Pur

Wenn man **pur** googelt, tauchen unfassbar viele Seiten zu der deutschen Band auf, die das Adjektiv zu ihrem Namen gemacht hat. Es bedeutet eigentlich rein, unverfälscht, unvermischt. Was die Musiker selbst wohl für „puristisch" halten – auf einer Fanseite ist von klinisch reinem Melodik-Deutsch-Rock die Rede – ist nichts weiter als schlichte Melodie mit trivialem Text. Und das ist erst der Anfang des Missbrauchs dieses eigentlich schönen, international verständlichen Wortes.

Grammatisch korrekt stünde das Adjektiv **pur** <u>vor</u> einem Substantiv, wie bei **purem Gold** oder **purem Unsinn**.

Geradezu inflationär taucht das Wort jedoch überwiegend <u>hinter</u> einem Substantiv auf, was bei **Wodka pur** noch in Ordnung ist, aber die Liste der verdrehten Wortstellung ist endlos: **Wellness pur, Entspannung pur, Karibik pur, Natur pur, Luxus pur.** Positive Dinge/Begriffe werden durch das hinzugesetzte **pur** gesteigert und zum Superlativ, zum nicht Überbietbaren.

Erholung pur ist bei Google mit über 500.000 Einträgen vertreten und es scheint, als würden damit alle Orte dieser Welt in Verbindung gebracht – mit den dazugehörigen Hotels und Spa-Anlagen mit ihren „Verwöhnprogrammen". Das kann die Avocado-Bio-Finca in Andalusien sein, das Bio-Vital-Hotel in Mecklenburg-Vorpommern oder die Ferienwohnung in Hahnenklee – ideale Ziele für gestresste Schreibtischmenschen, die sich etwas Gutes tun wollen.

Natur pur ist genauso beliebt. Zwischen all den zersiedelten Gegenden mit Industrieparks (!) und intensivierter Landwirtschaft gibt es einige Flecke, die von Reisebüros und Tourismusverbänden zur **puren Natur** erklärt werden. Mit der Anpreisung von landschaftlich noch „unberührten" Gegenden will man Angebote für eine anspruchsvolle Klientel schaffen.

Vor allem aber sind es die Bioläden und Reformhäuser, die alle möglichen Produkte mit **Natur pur** bewerben. Tausende von Backstuben in ganz Deutschland bieten ihre Brote unter dem Gütezeichen „**Natur Pur**" an. Die Produzenten von Mineralwasser sowieso. Wenig kleidsame Schuhe und rustikale Taschen sind nur deshalb ein Verkaufsschlager. Die sind dann chromatfrei, pflanzlich gegerbt, allergikergeeignet und das auch bei Aldi-Süd. Der teilaufgeklärte, skeptische Verbraucher, auf seine Gesundheit bedacht und aufgeschreckt von Umweltsünden aller Art, greift von Fruchtzubereitungen bis zu Teppichen bei allem zu, was Natürlichkeit verspricht.

Der **Geschmack pur** folgt der **Natur** auf dem Fuße. Die Nahrungsmittelindustrie hat es besonders nötig, damit zu werben. Ihre genormten und chemisch modifizierten Produkte müssen mit dem Hinweis auf **puren Geschmack** aufgewertet werden. Was damit gemeint ist, bleibt unklar, ist weder überprüfbar noch justiziabel – und wird daher großzügig eingesetzt.

Auch die Kosmetikindustrie preist diverse Cremes und Gels mit dem Hinweis auf **Pflege pur** an, da kann von Hyaluron über Retinol bis zu Pro-Kollagen alles drin sein – Mikroplastik wird nicht aufgeführt.

Social Media Akteure hängen ein **pur** an jedes beliebige Substantiv. In der Häufigkeit liegt es nicht weit hinter **mega.** Von sich selbst und dem was sie so treiben begeistert, jubeln sie alles hoch, ihre Erlebnisse und alles was sie so konsumieren. Sich **pures** Vergnügen aller Art gönnen oder leisten zu können, posaunen diese Angeber in die digitale Welt hinaus.

Ist der Blogger von etwas besonders ergriffen, verkürzt er die Beschreibung seiner Emotion auf **Gänsehaut pur.** Und als **Anarchie pur** lobt ein Musikkollege die deutsche Rapperin Nura, bekannt für ihre sexbetonte „Attitude". Ist mit dieser „reinen" Form von Anarchie das Zurückfallen hinter alle Emanzipationsfortschritte gemeint?

Der Zusatz **pur** ist sehr diffus. Die Leser oder Hörer können und sollen sich alles Mögliche vorstellen. Das gilt vor allem für Produkte, die dieses Attribut bekommen. Es ist Absicht, bewusst kalkuliert, dass dabei die konkrete Information gegen Null geht. **Pur** suggeriert, dass der Konsument hier mehr erhält als bei der Konkurrenz. Was das ist, wird oft nicht gesagt. **Pur** ist dann nichts Anderes als manipulative Werbung. Die Leute werden angelockt und projizieren ihre Sehnsüchte und Wunschbilder auf das derart gelobte Objekt. Ihre Erwartungen können sie jedoch nicht einfordern, es wurde ja nichts Konkretes versprochen.

So gibt es im Lufthansa City Center einen **Reiseservice pur.** Worin der sich vor anderen auszeichnet, ist nicht ersichtlich.„**Gesang pur** gibt es bei den 5. Liedermacher-Tagen in Bergneustadt." (Kölnische Rundschau vom 15.11.2018) Was haben diese Barden allen anderen voraus, die nicht **pur** sind?

Das **Pure** geht auch manchmal buchstäblich nach hinten los, wie bei folgender Notiz auf Focus Online vom 30.10.2019: „Das **Hundefutter** ‚proCani Pferd pur – Pure Horse‛** wird vom Hersteller (wegen Salmonellen) zurückgerufen". Dumm gelaufen.

Begeistert ist die Hamburger Morgenpost (Mopo!) am 15.1.2019 von „**Emo pur** von den Indie-Rockern aus Cleveland." Nur Fans werden wissen, um welche Art **puren** Gefühls es sich handelt. Es lohnt sich übrigens, das Wort *Emo* bei Wikipedia nachzusehen. Da werden Emo-Musikgruppen mit so schönen Namen wie: *Katzenstreik, Angeschissen* oder *Boxhamsters* aufgeführt. Sonderbare Emotionen!

Manchmal ist **pur** eine klare Sache. Die Augsburger Allgemeine (13.10.2018) titelt: „**Sonne pur** und Temperaturen wie im Sommer: Das steht Bayern in den kommenden Tagen ins Haus."Da stellt sich jeder das Gleiche vor. Wenngleich: „Sonnenschein" oder „Blauer Himmel" wären doch schöne Alternativen, klingen aber vielleicht zu gewöhnlich. Und so wählt die Bildzeitung gefühlt zu 80% **Sonne pur**, wenn das Wetter schön ist. Und das **Pure** nimmt kein Ende.

Zu einem Fußballspiel in Kaiserslautern heißt es auf bild.de : „**Himmel und Hölle pur** für 17588 Zuschauer gestern auf dem Betzenberg. Der zweite Heimsieg sollte einfach nicht sein."Krasse und gleichzeitig abgedroschene Formulierungen dieser Art passen zum diffusen Sensationalismus des Blattes. Doppelt blöd wird es, wenn der Merkur am 27.6.2020 berichtet: „**Frauenpower (!) pur** am Camerloher-Gymnasium: Die fünf besten Abschlüsse schrieben dort heuer Abiturientinnen." Es mag noch angehen, wenn die Reiseblogger Heike & Gerd die *Follower* ihrer Seite: „**Leben pur! Unterwegs**" mit privaten Abenteuern erfreuen. Seltsam wird es, wenn drei Mittvierzigerinnen auf ihre Seite lebenpur.org mit dem Untertitel: „Entdecke die Fülle – **Lebenpur!**" religiös eifernd Jesus ins Spiel bringen und ihre Seminare mit „Lobpreisen und Inputs" füllen.

Ein Kontrast dazu ist die **Stiftung Leben pur,** die sich dafür einsetzt, dass es bundesweit an allen öffentlichen Orten „Toiletten für alle" gibt.

Noch mal religiös wird es bei Sat 1 Gold, dessen Nachmittagsprogramm unter dem Motto „**Lebensfreude pur**" mit trivial-romantischen Serien aus den 70er Jahren, wie „Ein Engel auf Erden" aufwartet. Bedenklich, wer daraus Lebensfreude bezieht – es handelt sich wohl eher um „**Eskapismus pur**".

Unerträglich ist schließlich der Schlagerfuzzi Andre Parker mit seinem Album „**Leben Pur**". Da ist einem das **Pure** dann endgültig verleidet. Wer es nicht glaubt, kann reinhören.

Ob manipulative Absicht oder Einfallslosigkeit – das ...-**pur** wird eindeutig überstrapaziert und nervt: Es ist **Bullshit pur.**

Deutsche Denksportler in Vorbereitung einer neuen Denke

Denke, Binse und Schalte

Bei Wort-Abkürzungen ergibt sich häufig ein **e** am Ende. Das klingt zumeist vulgär, wie bei der **Tanke** oder bei **Malle**.

Aber auch bildungsnahe Schichten scheuen nicht davor zurück.

So wird das Denken von Menschen, ihre Ansichten, Meinungen, Einstellungen und Überzeugungen von manchen Journalisten und Politikern zur **Denke** verkürzt.

In diesem Sinne macht es sich die Berliner Morgenpost leicht mit ihrer Schlagzeile:" **Die Denke von jungen Leuten ist komplett anders.**" (10/2021)

Zur gleichen Zeit kritisiert die Junge Union Laschet mit dem Satz: „**CDU muss raus aus der alten Denke**", was von sehr vielen Zeitungen dankbar als Schlagzeile übernommen wurde.

Beide Titel legen nahe, dass sowohl die jungen Leute als auch die Mitglieder der CDU inhaltlich nicht viel zu bieten haben. In beiden Fällen erspart man sich die Mühe, einen für den Hintergrund der Nachricht passenden Begriff zu suchen.

Schon bei dem Wort „**Denkweise**", auf das sich die **Denke** bezieht, schwingt Subjektivität mit, die Inhalte werden relativiert, wenn nicht abgewertet. Umso mehr trifft das auf die **Denke** zu.

Wird der Ausdruck überpersonal gebraucht, im Sinne von: „**Die Denke ist**...", klingt er zwar fast neutral, dennoch wird ein komplexer Inhalt auf ein Wort reduziert. Und oft ist unklar, was gemeint ist. Leider hat der Duden das Wort als „saloppe" Form von „Denkart" aufgenommen und damit salonfähig gemacht, sodass es fast schon zum Politikerjargon gehört.

Der großartige Dieter Hildebrandt machte sich darüber lustig, als Ursula von der Leyen den Ausdruck gebrauchte. (Neues aus der Anstalt 09/2011) Auf die Frage, ob 10,- Euro Mindestlohn ausreichend seien, um eine kulturelle Teilhabe zu ermöglichen, antwortete die schon immer von sich überzeugte Politikerin: „**Das ist eine statische Denke.**"

Hildebrandt dazu entsetzt: „ Eine Ministerin ...und **Denke!**"

Von der Leyens Anregung, Kinder sollten mit Musik aufwachsen, kommentiert er mit: „Damit sie eine **Singe** haben bei ihrer **Wachse**". Danke lieber Dieter, du hast es schon vor über 10 Jahren unerträglich gefunden.

Ob es der Komiker Maddin Schreiber als „Unwort" erkannt hat, ist fraglich. Er nennt sein Programm für 2021 zwar „**Denke macht Koppweh**". Aber wahrscheinlich ist **Denke** seinem Dialekt geschuldet, der bei **denken** das e weglässt.

Egal wie, wer kein Komiker ist und den Begriff **Denke** nutzt, will vielleicht besonders locker oder cool wirken.

Ist er aber nicht. Denn entweder hat er ein beschränktes Vokabular oder kein Sprachgefühl. Und das **Koppweh** kriegen dann die Leser oder Hörer – sofern sie ein bisschen sensibler auf Sprache reagieren.

Ich lese gerne den STERN, er ist unterhaltsam, informiert gut, die Journalisten sind kompetent, die Texte sprachlich gut. Warum muss aber der damalige Redakteur Florian Gless in der Ausgabe 12/21 sagen: „**...dass die Pandemie nervt, ist eine Binse**". Dass etwas „nervt" ist zwar umgangssprachlich, schmerzt aber nicht so wie die **Binse**. Ist das Wort **Binsenweisheit** für den Autor so abgegriffen, dass er es verändern muss? Will er es dem umgangssprachlichen Ton von „nerven" anpassen?

Gebraucht er es, weil es ihm so viele vorgemacht haben? Oder geht es nur um die Kürze? Jedenfalls ist er nicht alleine, die **Binse** ist bei vielen Journalisten beliebt.

Zunächst ein kleiner Exkurs: Es ist eine prima Sache, wenn in Sonthofen **an der Binse** ein Skilift gebaut wird. Auch die **Binsen** an Seeufern sind schön anzusehen und ökologisch sinnvoll. Weniger schön ist es, wenn etwas in die **Binsen geht**, zumal wenn es ganze Volkswirtschaften betrifft. Die Metapher bezieht sich auf die von Jägern geschossenen Enten. Wenn die in die **Binsen** fallen, sind sie verloren, selbst die Hunde finden sie nicht mehr.

So leitet sich auch die **Binsenweisheit,** um die es hier geht, von den Pflanzen ab. In der Übersetzung einer lateinischen Wendung, „sucht man den Knoten an der Binse" – man tut etwas Überflüssiges, erklärt etwas, was jeder weiß. Und das geschieht häufig.

Für die Stuttgarter Nachrichten (16.10.21) ist „**Wachstum ohne Grenzen**" eine **Binse.** Beim MDR stellt man fest: „**Dass die Fassade häufig täuscht, ist eine Binse**".

Markus Lanz kritisiert im August 2021 Karl Lauterbach mit: „ **Das ist banal, das ist eine Binse**", als es um das Risiko für Nicht-Geimpfte in Clubs geht. Der Merkur ist sich sicher (09/21): „**Dass Musik was Globales hat, ist eine Binse.**"

Typische **Fußball-Binsen** sind: „Was zählt, sind alleine die Punkte", „Was fehlte, waren die Tore." Ja, das sind **Binsenweisheiten** und das Wort ist lang. Aber bitte, **Binse** klingt nun wirklich billig und abgedroschen. Trotzdem scheint es kaum jemanden zu stören. Und so findet sich das zerhackte Wort im Spiegel, in der Gießener Allgemeinen, der Tegernseer Stimme, der Wirtschaftswoche und so weiter...

Fast genauso banal und sprachlich nachlässig ist die **Schalte.**

Das Verb **schalten,** von dem die **Schaltung/Schalte** sich ableitet, ist sehr nützlich. Man kann Geräte **ein-** und **ausschalten,** Netflix oder andere Portale **freischalten.** Wenn eine Sendung schon läuft, kann man mal **reinschalten** oder gleich wieder **umschalten.** Das von **Schaltung** auf **Schalte** verkürzte Wort gehört schon lange zum festen Jargon beim Fernsehen. Den „Machern" dort kann es nicht schnell genug gehen, und das **e** spricht sich schließlich flotter als das **-ung.** Der hr verweist im August 21 auf seine: „**Schalte: Fridays for Future: Sternmärsche in Frankfurt**". Bei **Zoom-Schalten** sollten die Teilnehmer gut auf den Hintergrund achten. Spießige Topfpflanzen können die „coolsten" Beiträge ruinieren. Und **Live-Schalten** ist manchmal gefährlich. Im September 21 berichtete der Stern: „**Hund reißt BBC Moderatorin während der Live-Schalte zu Boden.**" Nicht nur da ging was schief. Bei der **Video-Schalte** der Premiere von Verdis „Falstaff" im Münchener Nationaltheater im

Dezember 2020 fehlte laut Süddeutscher Zeitung leider der Ton, für eine Oper natürlich fatal. Neue Inhalte bringen uns neue Arten von **Schalten**. Wie die **G20-Schalte**, die **Corona-Schalte,** die **Bund-Länder-Schalte** oder im Fall des rbb eine **Eklat-Schalte** wegen nicht adäquater Berichterstattung über einer pro-palästinensischen Demonstration. Söder sagt kurzfristig seine **Schalte** mit Laschet ab, während die **Online-Schalte** mit Merkel und Macron prima geklappt hat. Die **Schalten** kommen aus den Flutgebieten oder aus Afghanistan, vom Londoner Piccadilly Circus oder aus dem Bundestag zu uns. Das kastrierte Wort ist wohl nicht mehr zu vermeiden und es gibt wahrscheinlich zu wenige, die finden, dass es blöd klingt.

Für mich haben die, die es benutzen, „**nicht geschaltet**" oder geistig „**abgeschaltet**" – wie Teilnehmer an einer **Zoom-Schalte**, die zum Fenster rausgucken.

Sich neu erfinden

Eine Erfindung ist etwas Originäres, eine **Neuerfindung** eine Tautologie und damit ein dubioser Begriff. Gebraucht wurde er schon immer im Zusammenhang mit dem Rad, das man nicht **neu erfinden** kann und verweist damit schon auf etwas, was es eigentlich nicht geben kann.

Dennoch hat sich der Ausdruck seit den 90er Jahren immer mehr verbreitet. Vielleicht fing es an mit Madonna. Die **erfand** sich angeblich immer wieder **neu.**

Mit zunehmend provokanter Kostümierung und einem Tabubruch nach dem anderen, stellte sie eine vermeintliche Emanzipation zur Schau.

Ob dies nun auf eigener Kreativität beruhte oder ein Management dahinter stand, ist unwesentlich. Auf alle Fälle suggeriert diese **Neuerfindung,** dass die Person als Ganze gemeint sei. Was bedeutet das eigentlich für das, was sie bisher als „Künstlerin" darstellte? Ist alles weg, was vorher war? Wo ist oder was ist dann die echte Person? Offenbar hat sich ihre frühere Performance inklusive Erscheinung abgenutzt, muss ersetzt werden, damit ein neuer Konsumanreiz (Medien / Konzertkarten) gegeben wird. Das Äußere wird verändert, inklusive kosmetischer Chirurgie, ein paar neue Arrangements, das war's schon.

Im Grunde geht es bei Madonna und anderen, die eine **Neuerfindung** propagieren, um eine Wiederbelebung des Marktwertes, egal ob für Alice Cooper oder Roland Kaiser.

Wie auch immer: Die bisherige mediale Präsentation wird aus kommerziellen Gründen neu gestaltet.

Nebenbei, Neil Young hat sich niemals **neu erfunden**, er war, ist und bleibt der, der er ist. Seine Musik und seine Persönlichkeit sind authentisch und haben sich entwickelt – Punkt!

Aber Madonna ist nicht alleine. Die **Neuerfindung** betrifft Menschen, Firmen, Institutionen, Städte und Länder.

So hat sich laut Peter Kümmel in der ZEIT vom 19.3.2015 „...Skandinavien mit seinen Krimis regelrecht **neu erfunden.**" Ein ganzes Land ist von Grund auf neu und anders geworden Mit Krimis? Wie geht das?

Vor allem Städte wollen von diesem Begriff touristisch profitieren, von New York über Argeles-Sur-Mer, von Porto nach Rüdesheim oder Senftenberg, auch Neu-Ulm, Wanfried und das sächsische Nebelschütz stoßen dazu.

Natürlich ist Berlin ganz vorne dabei.

„Berlin wieder neu erfunden" titelt die „Welt" bereits im Juli 2015, weil nach 9 Jahren die Loveparade wieder in die Hauptstadt kommt. Was soll so innovativ daran sein? Zumal man über den kulturellen Wert dieser **„Erfindung"** geteilter Meinung sein kann. Die monotonen Beats und der provokative Exhibitionismus sind unverändert.

Und wieder Berlin: Zwei gebürtige Österreicher (die in ihrem Erfinderladen im Prenzlauer Berg eine Wasserwaage verkaufen, die um die Ecke misst) sollen das Dorf Alwine ganz **neu erfinden.** „Vom marodesten Kaff Brandenburgs zum modernen Ort der Zukunft: Das ist die Vision von zwei Berlinern für das 13-Seelen-Nest Alwine (Landkreis Elbe-Elster)!"

Tatsächlich wäre hier der Begriff halbwegs berechtigt. Umweltgerechte **Veränderungen** sind geplant. Es geht um Themen wie Mobilität, Wasseraufbereitung oder ökologische Lebensmittelproduktion, um Dachziegeln mit Solarfunktion. Sehr löblich, aber nichts absolut neu Ge- oder Erschaffenes.

Auf dem Dragonerareal werde die **„Berliner Mischung neu erfunden"** titelt die TAZ. Für Nicht-Berliner, es handelt sich um ein neues Wort für Hinterhöfe, deren soziale Struktur **verändert** wird. Es taucht neuerdings in allen Exposés von Investoren auf.

Die **Neuerfindung** des Bienenstocks durch ein Berliner Start-up (2020) gibt allerdings Rätsel auf. Sind die Waben jetzt quadratisch und die Bienen längs gestreift?

In der Corona Krise heißt es auf <u>berlin.de</u> : „Bouletten statt Beats: **Berliner Clubs erfinden sich neu".** Um nach Corona neue Einnahmen zu generieren, werden in den Außenbereichen der Clubs für die „Party People" diverse Speisen angeboten. Da war wohl sehr viel Erfindergeist nötig.

Im Tagesspiegel (Mai 2021) wird ausführlich beschrieben, wie sich das KaDeWe **neu erfindet**. Umfangreiche Umbauten, neue online Präsentationen, wie ein Live-Shopping mit Avataren. Das kostet etliche Millionen, schließlich ist der berühmte Architekt Rem Kohlhaas beteiligt.

Wider Erwarten hat es auch Ikea nötig, sich **neu zu erfinden**. Ab 2021 gibt es eine App statt der Kataloge, die Kunden scannen und bezahlen selbsttätig, Klippan und Billy kann man zukünftig auch mieten.

Es mag im Falle des KaDeWe und bei Ikea um vielfältige **Veränderungen** mit innovativem Charakter gehen, trotzdem unterstellt der Begriff etwas, was so nicht geschehen kann, denn der Ursprung des Wortes ist eigentlich die **Erfindung**. Also etwas gänzlich Neues. Und neu heißt neu und nicht, etwas „Altes" zu verändern oder etwas hinzuzufügen, zu verbessern. Doch die abgegriffene Floskel ist nützlich, sie erspart den Schreibenden längeres Nachdenken über geeignetere sprachliche Formen.

Und so wird es einem direkt schwindlig, wenn man unter „**erfindet sich neu**" im Internet stöbert.

Zumeist sind es Unternehmen, Fußballclubs, Sportvereine etc., die damit ihren Niedergang verhindern wollen.

Aber auch etliche Sachbuch-Autoren geben ihren Senf dazu. Hilal Sezgin (Hg.) stellt fest: „**Manifest der Vielen – Deutschland erfindet sich neu**". 30 renommierte Autoren reagieren auf den Bestseller von Sarrazin: „**Um sich nicht abzuschaffen, muss Deutschland sich neu erfinden**" steht im Klappentext.

Birte Förster geht es historisch an mit: „**1919. Ein Kontinent erfindet sich neu**". Müssen Argumente oder historische Abhandlungen, die sicher informativ oder lehrreich sind, mit Floskeln vermarktet werden?

Ganz dick kommt es bei dem „Autorenteam" Christoph Fasching und Chamuel – Erzengel und Geist mit: „**Die Erde erfindet sich neu**". Sind <u>beide</u> Autorennamen ein Witz? Genau genommen „channelt" Herr Fasching den Erzengel Chamuel und will uns dazu ermuntern, die Welt mit liebevollen Gedanken zu einem friedvollen Ort umzubauen. Das klingt endlich mal nach einer wirklichen **Neuerfindung**.

Wer will, kann sich auf die Suche nach sich **neu erfindenden** Personen begeben. Hier nur drei Beispiele.

In einem Podcast erfährt man, wie es dem Journalisten **Kai Dieckmann** ergangen ist. Er spricht über das Glück, sich immer wieder **neu erfinden** zu können und meint den Wechsel von Hamburg nach Berlin (beziehungsweise nach Potsdam) und den Einfall von Mathias Döpfner, ihn ins Silicon Valley zu schicken.

„Der Standard" (Österreich) titelt im Januar 2018, dass sich **Serena Williams neu erfindet**. Die einzige Neuigkeit, die dem Text zu entnehmen ist, besteht darin, dass Sie ihre Pläne zur Teilnahme an dem einen oder anderen Wettkampf ändert, da sie Mutter geworden ist.

2020 berichtet die Stuttgarter Zeitung über Prinz Harry nach seiner mehr oder weniger freiwilligen Absentierung vom britischen Königshaus: „**Ein Royal a.D. erfindet sich neu**". Mit „hochgekrempelten Hemdsärmeln zeigten sich die Royals ...schon häufiger in Suppenküchen und Backstuben." Da staunen die Leser. Zudem schafft sicher ein neuer „Deal" mit Netflix (Meghan **erfindet** eine **neue** Serie) das finanzielle Polster für ihr Luxusleben in Los Angeles und Kanada. Die **Neuerfindung** als dubioser Boulevard-Klatsch.

Auch den russischen Kommunisten wird dazu geraten, aber das wird wohl nichts. Und seit die CDU und die Linken die Wahl 2021 vergeigt haben, fordert fast jede Zeitung im Lande, dass auch diese sich **neu erfinden** mögen. Herrn Söder traut man auf der Internetseite der Börse immerhin zu, dass er sich **neu erfinden** <u>kann</u>.

Während es Daniel Craig nach Auffassung vieler Feuilletons geschafft hat, sich in „Keine Zeit zu sterben" als James Bond **neu zu erfinden,** ist es fraglich, ob das auch Papst Franziskus gelingt. Denn laut der Süddeutschen vom 9.10.21 möchte er in der Diskussion mit 4000 Bistümern – unter anderem über sexuellen Missbrauch – die „**Synode neu erfinden**".

Auch fiktionale Gestalten sind betroffen: „**Hannah erfindet sich neu**" heißt ein Buch der Autorin Monika Weber. Andere Titel von ihr: „Katja – Es war einmal" oder „Elena – Bitte glaube mir", lassen keinen Zweifel über die Trivialität des Inhalts.

Aber natürlich geht es vor allem ums Verkaufen. Das Wesentliche (?) zuerst: Auf der Internetseite deutschewealth.com – es geht um digitales Zentralbankgeld – wird behauptet: „Geld erfindet sich neu". Thema: alternative Währungen verstehen und nutzen.

Vor allem ist die Welt des Konsums und deren Marketing betroffen. Um den Umsatz anzukurbeln, werden Produkte stets verändert, vermeintlich verbessert, auch wenn es nur ein neues Schriftbild auf einer Verpackung ist. Die **Neuerfindung** ist ein „Fake". Der Konsument wird reingelegt.

Besonders stark innovativ zeigt sich die Autobranche.

BMW **erfindet** ein „trendiges Konzept Bike" **neu** oder den Mini Clubman, der, sieht man genauer hin, lediglich eine neue Produkt- und Markenstrategie verpasst bekommt. Und damit ist klar, die **Neuerfindung** ist eine Marketingmaßnahme. Auch das BMW eigene „idrive-System", als **Neuerfindung** propagiert, schrumpft dann im Laufe des Textes zu einer „komplett Überholung".

In der Wirtschaftswoche (2020) lautet es: „**Die Autoindustrie muss sich neu erfinden**", womit die Umstellung auf Elektroautos gemeint ist. So **neu erfunden** sind die eigentlich nicht. Natürlich können Mercedes (G-Klasse: „**Eine Ikone erfindet sich neu**") und Porsche dabei nicht fehlen. Schon 2012 verkündete bild.de dass der Autohersteller bis 2017 eine „Modellflut" plane. Die Konkurrenz ist groß, daher bemüht sich besonders VW um Elektro-Mobilität, denn sogar „**Apple will das Auto neu erfinden**". Und Robert Henrich, Chef der Flotte von 500 zukünftig autonom fahrenden Taxis in Hamburg, kündigt an: „**Wir wollen den Stadtverkehr völlig neu erfinden**." Gefährlich wird es, wenn Präsident Macron in Frankreich der Umwelt zuliebe die Atomkraft **neu erfinden** will (Oktober 21).

Im kleineren Rahmen und nur an designbewusste und finanziell potente Konsumenten gerichtet, wirbt die Firma Thonet mit: „**Der S160 erfindet sich neu**" für ihren Konferenzsessel, dessen Stuhlbeine von Stahl zu Holz **verändert** (!) wurden und damit wohnraumtauglich sind.

Aber auch der Yeni Raki und die Kaffeesorten von Illy tun es, die Verbraucher müssen ja bei der Stange gehalten werden. Schmeckt beides jetzt völlig anders?

Für Übergewichtige bietet sich eine **Neuerfindung** von Weight Watcher an. Wie geht das jetzt mit dem Abnehmen?

Bei der Kultur geht es weiter. Ob es das Seoul Philharmonic Orchestra, das Deutsche Museum Bonn oder das Jüdische Museum in Berlin ist. Selten sind es bahnbrechende Neuerungen. Wenn rp-online im Februar 2018 über das nach einer Pause wiedereröffnete Theater in Krefeld berichtet: „**Krefeld: Ein Theater erfindet sich neu**", erfährt man, dass zukünftige Thematiken mehr soziokulturell orientiert sind, um sich vom Stadttheater zu unterscheiden. Mehr nicht. Und wie sich das „Slasher-Kino" **neu erfindet**, möchte nicht jeder wissen.

Wir alle tun es offensichtlich, wenn es nach der presse.Karlsruhe.de geht: „**Das „Wir" erfindet sich neu. Zusammenrücken in der Corona-Krise**". Es scheint umso alte Tugenden wie Solidarität und Verantwortung zu gehen – nichts Neues also.

Und damit die **Neuerfindungen** auch hinlänglich und bis zum Erbrechen wiederholt werden, regte die Bundeszentrale für politische Bildung (bpb.de) schon im Jahre 2014 unter der Überschrift „**Der Lokaljournalismus erfindet sich neu**" zu Veränderungen an: „...um auf dem medialen Markt bestehen zu können..."

Bei all dem gaukelt die Imponiervokabel vor, dass etwas Revolutionäres geschehe, das alles möglich sei.

Dabei werden die Akteure nicht immer genannt, die Vorgänge hinter den **Neuerfindungen** nicht immer konkretisiert. Und obwohl es manchmal nur eine Meinung zu sein scheint, wird der Eindruck erweckt, die **Neuerfindung** sei quasi schon vollzogen und gelungen.

Die reflexive Form (sich) legt nahe, als wirke eine dem Objekt oder dem Subjekt innewohnende schöpferische Kraft, die alles Dagewesene ersetzt. Es wird suggeriert, das etwas Wunderbares, Einzigartiges, Bedeutendes erschaffen wurde. Die Lesenden sollen glauben, dass nur das völlig Neue das Gute und Beste ist. Die **Neuerfindung ist** fast immer lediglich eine Veränderung oder Verbesserung, und das sollte man auch so sagen.

Denn den meisten Rezipienten ist es lieber, sachlich informiert zu werden, ganz ohne Sensationalismus und aufgemotzte Sprache. Denn bewusst oder unbewusst entdeckt manch eine/einer die Verlogenheit hinter dieser Redewendung. (Holden Caulfields „**phony**" nicht unähnlich)

Man kann nur hoffen, dass die Journalisten und Werbetexter diesen Begriff irgendwann selbst nicht mehr ertragen.

Ganz bei mir / Ganz bei dir

Die **Selbstfindungsbewegungen**, die seit den 6oer Jahren mit den Beatles und deren indischen Gurus ihren Anfang nahmen, sind penetrante Wiedergänger. Besonders introspektive Frauen mit einer Vorliebe für Gesundheitsschuhe beklagen es, sich verloren zu haben.

Doch die **Selbstfindung** ist eine schwierige Sache. Wie früher bis zu den Ashrams nach Poona oder Auroville zu fliegen, ist teuer. Dort **findet** man schwül-heißes Wetter, lästige Insekten, oft unbekömmliche Nahrung, aber nicht unbedingt **sich selbst**. Wie auch, da gehörte und gehört man nicht hin.

Seit der Demaskierung der Osho-Sekte schon mal gar nicht – außerdem steht Orange nicht jedem.

„Hallo, ich bin Daniela, ich helfe dir, dich selbst zu finden". So oder ähnlich klingen im Netz die Stimmen derer, die den Suchenden mit Baummarmungen oder indianischen Schwitztipis helfen wollen. Billiger und vom Wohnzimmer aus bieten sich Lebenshilfe-Leitfäden zur **Achtsamkeit** an. Ganze Verlage sind darauf spezialisiert.

Die oft weiblichen Autoren verheißen ihren Lesern mindestens „**bei sich selbst sein**" zu können oder „**sich selbst zu spüren**". Hilfreich sind dabei Atemübungen, Meditation, Visualisierungen.

Manch einer – eher jedoch eine – behauptet dann: „Mein Körper ist mein Tempel" und schwört auf biologische Vollwert-Ernährung, Yoga und Entspannung auf dem Sofa – die Füße in dicken Socken und mit beiden Händen eine Tasse Tee haltend. In diesem „Tempel" der Reinheit wird dann nur alternative Medizin akzeptiert oder Impfungen abgelehnt.

„**Ich bin ganz bei mir...**" flöten dann die Tee- und Sockenfrauen nach erfolgter und erfolgreicher Lektüre. Ja, wo auch sonst, fragt sich der weniger Esoterik-Affine.

Zudem klingt: „ **Ich bin bei mir**" irgendwie nach einer doppelten Persönlichkeit – also einer Störung. Eine darob kritisierte, gerät dann schon mal **ganz außer sich.**

In diesem Sinne wäre „**Da bin ich ganz bei dir**" schon sinnvoller. Es ist die „neue" sprachliche Form für Zustimmung. Einfach nur zu signalisieren, mit etwas einverstanden zu sein, reicht nicht. Die Zustimmung muss absolut sein, sozusagen mit Körper und Geist. Schneckenartig schmiegt man sich an die Gleichdenkenden an, ob die das nun wollen oder nicht. Generös zeichnet man sie dafür aus, dass sie einem selbst ähnlich sind.

Wenn mit gerunzelter Stirn verkündet wird: „**Da sehe ich mich nicht**" oder als Steigerung: „**Da finde ich mich nicht wieder**" zeigt sich eine weitere Form der Selbstzentrierung, diesmal als kapriziöse Form der Ablehnung von Unerwünschtem. Macht doch nichts, könnte man sagen, dann eben nicht.

Sanft vorgetragene Sätze dieser Art sind typisch deutsch. Die soziale und politische Sicherheit dieses Landes schafft verwöhnte, anspruchsvolle Menschen. Alles beurteilen sie danach, ob es **Ihres** ist. „**Das ist nicht meins**" oder „**Nicht mein Ding**" lautet dann oft das vernichtende Urteil. Und dann taugt die Sache eben nichts, bzw. derjenige, für den das infrage käme. Die esoterischen oder säkularen Egomanen beziehen alles auf sich, als sei diese Welt nur zu ihrem Wohlbehagen erschaffen worden. Mit „**Not my cup of tea**" zeigen die Engländer erwartbaren Snobismus. „**Nicht meins**" sagt fast dasselbe, klingt aber nicht so nett. Bei alle dem ist klar: Das **Ich** steht weit vor dem **Du** oder dem **Wir.**

Aus den unendlichen Gefilden der Konsumgüter und der Angebote zur Lebensführung wählen die Selbstbezogenen und Anspruchsvollen mit kritischen Blick und spitzen Fingern aus, was **ihrs** ist.

„**Das war nicht meine Zeit**" zeigt dann vollends ihren verengten Horizont. Keine Ahnung zu haben von historischen Ereignissen oder Zusammenhängen der jüngeren Vergangenheit halten sie für selbstverständlich.

Sie waren nicht dabei, oder noch Kinder, also zählt das nicht. Wer in den 80ern geboren ist, muss nicht wissen, was in den 60ern so los war.

Nur das, was sie seit der Pubertät bis in ihre 30er emotional Bedeutendes erlebt haben, ist valide Geschichte und gehört ihnen.

Alles was außerhalb dieses subjektiven Dunstkreises liegt, ist unbedeutend und wird ignoriert.

Es scheint nur noch um **Komfortzonen** oder **Wohlfühlzonen** zu gehen. Begriffe aus einer Welt, die kaum Not und Entbehrung kennt. Freiheit und Wohlstand sind selbstverständlich. Die Komfortzonenbewohner kreisen um sich selbst.

Zwar hört man hier und da, es sei angeraten, **Komfortzonen** zu **verlassen**, um Realitäten anzuerkennen und Herausforderungen zu sehen. Die Aufforderung ist aber kaum mehr als folgenloser Small Talk. Angesichts neuer geopolitischer Veränderungen und Krisen wird diese Haltung sicher bald ins Wanken geraten.

Es geht nicht darum, Bemühungen um Selbstbestimmtheit oder Selbstbewusstsein zu diskreditieren. Sondern um die fragwürdige Haltung von Menschen, die sich mit dieser Art von Floskeln auf sich selbst zurückziehen. Die sich endlos bespiegeln, die zu oft betonen, **bei sich** zu sein, **ihrs** haben zu wollen, sich irgendwo **nicht zu sehen** oder **wiederzufinden**. Die schwimmen in ihrer eigenen Sauce in einem Teller, auf dessen Rand sie sich wohlig ausstrecken, statt darüber hinaus zu blicken.

Genau!

Eigentlich wird das Wort „genau" im Dialog benutzt, um etwas zu bestätigen, um Zustimmung auszudrücken. In Kurzform signalisiert man: „Ich finde richtig, was du sagst, ich sehe das auch so ...oder: „So ist es" ...etc.

Neuerdings taucht es in Monologen auf, wo es eigentlich nicht hingehört. Vor allem bei jungen Frauen und vermehrt auch Männern ist es das beliebteste Füllwort der Saison.

Vermutlich braucht der Sprecher, die Sprecherin, eine Denkpause und das „genau" ist der Ersatz für die „Ähhs" und „Ems", die sogenannten Hesitationspartikeln beziehungsweise Verzögerungs- oder Verlegenheitslaute. Letzteres gibt schon den Hinweis – es hat etwas mit Unsicherheit zu tun.

Die „Genau-user" erzählen etwas über sich selbst, von ihren Ideen und Ansichten, sie berichten von Erlebnissen oder Vorgängen. Und dabei fügen sie – nach einer kurzen Sprechpause – ein „genau" in die Mitte des Satzes ein. Manchmal schließen sie die Aussage damit ab oder setzen das Wort zwischen zwei Sätze.

Sie scheinen dieses „genau" vor allem zu sich selbst zu sagen, als Vergewisserung, Bestätigung des Gesagten. So, als hätten sie kein Vertrauen in ihre Gedanken und Worte, als seien sie sich nicht sicher, ob das alles auch richtig sei. Als ob sie mögliche Zweifel an ihrer Glaubwürdigkeit zerstreuen müssten, für sich selbst und für den Zuhörer. Vielleicht brauchen sie auch nur eine Pause, um zu überlegen, wie es weitergehen soll. Bei Power-Point-Vorträgen von Studierenden ist das Wort geradezu epidemisch geworden. Ob man damit die Prüfenden eher vom Präsentierten überzeugen kann, ist fraglich.

Und ob die „Sobats" (Kunstvermittler auf der umstrittenen Documenta 15) die interessierten Teilnehmer der Führungen mit dem angehängten genau nach jedem (!) Satz für die Exponate gewinnen konnten, ist ebenso fraglich.

Manchmal gehört noch der kurze Blick nach oben dazu, der vermuten lässt, dass man die Erinnerung zur Überprüfung einschaltet. Die Sprecherin, der Sprecher besinnt sich noch einmal auf das Gelernte, auf Erlebtes, Gedachtes, Gefühltes oder Gemeintes. Sie/er möchte ehrlich sein, das Richtige sagen. Sehr löblich, wenn man bedenkt, wie oft gelogen wird. Und doch – ob nun Männer oder Frauen es benutzen, dieses **genau** wirkt gleichermaßen wackelig und unsicher, obwohl es doch gerade das Gegenteil erreichen will. Hinter der suggerierten Bestimmtheit steht letztendlich Schwäche.

Es wäre gut, wenn gerade die Frauen diese Form der Selbstvergewisserung weglassen würden. Vor allem, wenn es darum geht, Meinungen zu vertreten, Stellungnahmen abzugeben, oder ihre Interessen zu vertreten, sollten sie entschiedener sein und auf zögerliche Einschübe verzichten.

Generation Keine Ahnung

Da erzählt jemand etwas, kommentiert einen Sachverhalt und schiebt dann **„Keine Ahnung!"** dazwischen, bzw. hängt **„Keine Ahnung"** an das Satzende.

„Mein BWL Studium ist sehr anstrengend, keine Ahnung, aber es ist vielseitig, keine Ahnung..." So oder ähnlich.

Exkurs: Es geht nicht darum, zuzugeben, dass man etwas nicht weiß, im Sinne von: „Davon habe ich keine Ahnung".

Auch nicht um die arglosen Kandidaten, die Mario Barth in seiner Comedy-Quiz-Show **„Keine Ahnung"** (2003-2005) mit versteckter Kamera filmt. Die können, sofern sie beiläufig gestellte Fragen richtig beantworten, maximal 50,- Euro gewinnen. Das mag lustig sein, ist aber nicht gemeint.

Und wenn die „Unicorn Kids" (13-jähriges deutsches Trio) in ihrem Lied **„Keine Ahnung"** singen: **„Herr Lehrer, ich hab wirklich keine Ahnung"**, dann ist das nett und süß und tröstet die vielen Kinder, denen es genauso geht.

Auch Nele Stuhlers Buch **„Keine Ahnung"** (2021) hat nur am Rande damit zu tun. Sie hat sich zwei Jahre lang mit Ahnungslosigkeit (Wissens- und Erkenntnisdefiziten) beschäftigt und sagt völlig richtig: **„Patriarchales Sprechen thematisiert Nichtwissen grundsätzlich nicht."** Aber das ist ein anderes Thema.

Es geht um den Gebrauch als Füllwort – ähnlich wie das **genau** ist es eine Hesitationspartikel. So kommt keine **„Ahnung"** zusammenhanglos mitten in Gesprächen vor, in Sätzen aller Art, um bei unkonzentriertem Sprechen oder Denken die kurzen Sprechpausen auszufüllen. Noch deutlicher als das selbstaffirmative **„Genau"** ist es Ausdruck von Unsicherheit und Unentschiedenheit.

Eine präzise Analyse liefert Karen Duwe 1999 in **„Keine Ahnung"** in der es um das Leben junger Frauen der „No-Future-Generation" zu Anfang der 80er Jahre geht. Die Protagonistinnen wissen nicht, was sie wollen

und haben auch keine Lust darüber nachzudenken. Sie seien antriebs-
los, ziellos und einsam. Für die Autorin ist der Titel ein Synonym für den
Zeitgeist einer Altersgruppe.

Damals war noch nicht abzusehen, dass er zu einer Gesprächsfloskel
werden würde, die vor allem für weibliche Schwäche steht. So gibt sich
Daniela Lorenz in ihrem Musik-Video **„Keine Ahnung"** als unschlüssige
Geliebte. Im monotonen Discofox Rhythmus und mit schlagertypischen
Echo hinterlegt reimt die unscheinbare Blondine: „ Ich weiß, du bist mein
Ruin – manchmal möcht ich vor dir fliehn." Sie hat **keine Ahnung**, ob sie
„Gehen oder Bleiben" soll angesichts des unzuverlässigen Liebhabers.
Banal wie die Gefühle ist der Drehort des Videos – ein leeres Parkhaus –
das der Amateurfilmer wohl für bedeutungsschwer hielt. Da hatten alle
Beteiligten wohl **keine Ahnung**.

Eine männliche Variante des beliebten Ausdrucks bietet die **„Keine
Ahnung – Shisha Lounge & Bar"** in der Universitätsstraße (!) in Mar-
burg. Fanden die Eigentümer diesen Namen einfach „cool" oder haben
sie sich vom Bildungsstand ihrer Klientel inspirieren lassen? Eine Rezen-
sion bei Facebook klingt so: „Besste schischa super gut servis und super
net Leute und sehr günstig."

Es scheint, als sei **keine Ahnung** zu haben, absolut in Ordnung, denn
723 Personen haben das Lokal „geliked" und 206 waren auch schon da.

Geradezu gefeiert wird der Begriff von der Dichterin Julia Engelmann,
die manchen jungen Leuten auch aus einer „Daily Soap" bekannt ist.
Sie hat gleich eine ganze Buchreihe laufen mit so philosophischen
Titeln wie:

„Keine Ahnung, was für immer ist?"

„Keine Ahnung, ob das Liebe ist?"

„Keine Ahnung, ob das richtig ist?"

„Keine Ahnung, was ich morgen fühle?"

Keine Ahnung, ob die Liste vollständig ist. Jedenfalls wird die „ehemalige Psychologiestudentin" auf buecher.de sehr gelobt: „Die Texte
bedürfen keiner Analyse in Gruppenarbeit", was ein Qualitätsmerk-

mal zu sein scheint. Offensichtlich trifft **keine Ahnung** zu haben, das Grundgefühl dieser Zielgruppe. Und die ist groß, denn ihr Video-Auftritt bei der Bielefelder Hörsaal-Slam brachte ihr 2013 schon beachtliche 13 Millionen Klicks auf YouTube. Die vermeintliche Apologetin der Ahnungslosigkeit hat Millionen Follower, und wer wissen möchte, warum, der googelt. Medienkompetenz und Talent hat sie allemal. Ihre Buchtitel wurden vermutlich vom Verlag festgelegt, verkaufsstrategisch und dem sprachlichen Trend des „**keine Ahnung**" folgend. Engelmann zeigt sich extrem selbstsicher. Ihre Unsicherheit ist eine Tugend, kein Makel.

Schließlich hat sie keine Bedenken, zuzugeben, **keine Ahnung** zu haben. Sie hat keine Angst vor Kritik und ist vielleicht deshalb so erfolgreich. Sozusagen ein Vorbild für die meisten ihrer verunsicherten Zuhörer und Zuhörerinnen, die daran zweifeln, ob und wie sie das Leben oder ihren Alltag bestehen können.

Was ist mit anderen Erklärungen für die Beliebtheit der Floskel bei jungen Menschen?

Manchmal klingt es, als hätten die Sprecher keine rechte Lust, ins Detail zu gehen, oder weiter über das Gesagte nachzudenken. Als ob man es dem Zuhörer überließe, den Gedanken fortzuführen, zu ergänzen, für richtig oder falsch zu befinden.

Sprachfaul oder Denkfaul, das ist hier die Frage.

Vielleicht sind die Sprecher auch aus der Übung, sie können nicht mehr erzählen. Das Erzählen und auch das Schreiben in ganzen und komplexen Sätzen nimmt ab – niemand schreibt noch Briefe oder berichtet einem geduldigen und interessierten Zuhörer von seinen Erlebnissen. In den Textnachrichten der sozialen Kanäle dominieren Abkürzungen wie hdgdl (hab dich ganz doll lieb) oder ads (alles deine Schuld). Mit wobidu wird nach dem aktuellen Aufenthalt gefragt, und was kA heißt, dürfte klar sein. Übrigens: Der Gebrauch von mM (meiner Meinung) hat dazu geführt, dass kaum noch jemand grammatisch korrekt „Meiner Meinung <u>nach</u>..." sagt.

Und mit Hunderten von Emojis geht es auch ganz ohne Worte.

Vielleicht ist die Formel ein Indikator für den Niedergang des Dialogs. Der Zeitraum für aufmerksames Zuhören wird immer kürzer. Begeisterung beschränkt sich auf „**Mega**" und alles irgendwie Unsichere wird zu „**keine Ahnung**". Man muss fast schon mutig sein, um Geschichten zu erzählen.

Allerdings, im Einzelfall könnte es auch sein, dass man gerade tatsächlich nicht <u>mehr</u> weiß, als das, was man gerade gesagt hat, und erwartet, dass der Zuhörer weiterhilft.

Oder man will ein ungeliebtes, unangenehmes oder langweiliges Thema abwürgen.

Wäre man bösartig, könnte man sagen:

Gut, wenn all dem so ist, dann haben wir hier eine ganze Generation, die offenbar einsieht und offen eingesteht, dass sie über wenig verbindliche Informationen verfügt. Die lediglich eine allgemeine, vage Vorstellung von etwas hat und dies auch nicht näher erläutern kann oder möchte.

Aber im Zweifelsfall könnten wir ja nachfragen.

Vielleicht wird es dann doch noch ein gutes Gespräch.

Griff ins Klo

Die sogenannte „Sauberkeitserziehung" bzw. das „Töpfchentraining" von Kleinkindern hat einen hohen Stellenwert in unserem Lande. Es gibt Tausende von Ratgebern samt Bilderbüchern für die Kleinen, um deren Eltern baldigst das Windelwechseln zu ersparen.

Zudem sind Exkremente eklig und so fluchen die Deutschen zumeist fäkalisch oder freudianisch-anal, wenn sie etwas richtig ärgert. Da wundert es nicht, ab und zu die unangenehme Metapher „**Griff ins Klo**" zu hören. Mit dieser Replik muss der rechnen, der – in guter Absicht und mit der Hoffnung auf Erfolg – eine falsche Entscheidung getroffen hat, mit etwas gescheitert ist. Er hat einen Fehlgriff getan. Das Gegenteil von etwas Gewünschten ist eingetreten, ein Schaden ist entstanden, das Ganze ist peinlich. Der „Witzbold", der das nun mit dieser Floskel kommentiert, möchte besonders locker und frech wirken. Zwar ist die Abkürzung **Klo** für das antiquierte Wort **Klosett** umgangssprachlich akzeptiert und daher kein Tabu mehr. Der Spötter und Schadenfrohe mag es aber noch drastischer. Mit dem Kommentar, das sei ein „**Griff ins Klo**" gewesen, macht er sich nicht nur lustig über sein Gegenüber, er hält ihn auch für besonders dämlich. Schließlich habe der, offenbar nichtsahnend, mit der bloßen Hand in die Scheiße gegriffen. Der Glücklose wird verspottet, er hätte doch wissen können, was ihn erwartet, er ist selbst schuld. Nichts spricht gegen eine rustikale Sprache unter Freunden, sofern sie, im Kontext gesehen, komisch, ironisch oder originell ist. Aber man muss kein Exkrementen-Phobiker sein, um diesen Ausdruck abzulehnen. Denn es gibt viele sprachliche Möglichkeiten, eine vergebliche Mühe oder einen Fehler zu kommentieren. Den „**Griff ins Klo**" für eigene Missgeschicke zu verwenden, ist zwar deftig und vulgär, steht aber jedem frei. Es zu anderen zu sagen, ist unsensibel, grob und beleidigend.

Hallooo!?

„**Hallo**"! zu rufen, ist üblich und geeignet, wenn man jemanden ansprechen möchte, der weiter weg ist. Oder wenn man feststellen will, ob überhaupt jemand da ist.

Die Herkunft, ob hebräisch, alt- oder mittelhochdeutsch ist sprachgeschichtlich unklar. Sicher ist jedoch, dass sich 1877 Graham Bells „**Hello**" am Telefon weit verbreitete.

Es wurde zu „**Hola**" in Südamerika, zu **Alo** in Mexiko und sogar die Araber melden sich mit **Alu**. Bei uns war die Nennung des Namens am Telefon lange Zeit ein Gebot der Höflichkeit, bis sich das neutrale **Hallo** durchsetzte.

Das **Hallo** als Begrüßung hat bei uns so nach und nach das „Guten Morgen, Guten Tag, Guten Abend" ersetzt. Dies gilt vor allem unter Freunden und Bekannten, aber mittlerweile auch in der Öffentlichkeit, in einem Laden oder manchmal sogar in einer Behörde. Zwei 15-jährige, die sich mit „Guten Abend" begrüßten, würden absonderlich wirken.

Dass im Englischen **Hello** oder **Hi** als Begrüßung schon länger üblich ist, hat sicher dazu beigetragen, dass **Hallo** heute – außer bei sehr formellen Anlässen – als Gruß akzeptiert ist. Eine schöne Ausnahme lieferte Jean-Claude Juncker 2015 beim EU Gipfel in Riga, als er Victor Orban mit „**Hello dictator**" begrüßte.

Sagt jemand bei der Begrüßung **Halloo,** wobei das lange **ooo** betont und mit erhobener Stimme gesprochen wird, dann freut sich der Sprecher über die Begegnung. Er ist angenehm überrascht. Mit **großem Hallo** wird ein beliebter Gast empfangen.

Bei „**Aber, Halloo**" sieht es schon etwas anders aus. Da ist die erste Silbe betont, man bekräftigt das, was der andere gesagt hat oder bestätigt, wie ungewöhnlich oder besonders eine Sache ist.

Hier soll es um das ironische „**Halloo...**" gehen. Dabei wird die zweite Silbe fragend betont und langgezogen. Man tut verwundert, oder als sei man genervt. Aufgerissene Augen, ein skeptischer Blick und weitere Gesten machen das Ganze komplett. In kürzester Form will man seinem Gegenüber klar machen, dass der etwas nicht begriffen hat, nicht bedacht hat, gar etwas Dummes gesagt hat oder uncool und desorientiert – also schlichtweg ein Depp ist.

Der im Alltag oft auftretende „Halloo-Sager" zeigt sich überlegen, von oben herab. Er wertet ab, was der so Getadelte gesagt oder gemeint hat, macht sich vielleicht lustig über ihn. Zudem signalisiert er, dass das Gespräch ihn kaum interessiert oder der Andere ihm wenig bedeutet.

Im Glauben, er sei ein lockerer, amüsanter Geselle, ist er nichts weiter als ein unangenehmer Zeitgenosse. Zumeist ist es ein Mann, Frauen sind seltener so anmaßend.

Für alle **Halloo-Sager**, die in sich gehen wollen, ein paar Tipps, was sie stattdessen sagen könnten:

- *Wie hast du das gemeint?*

- *Findest du das wirklich richtig?*

- *Moment, mal...*

- *Denkst du wirklich so?*

- *Weißt du, was du damit sagst?*

- *Das sehe ich anders.*

- *Ich bin verwundert/erstaunt*

- *Das ist ja kaum zu glauben.*

- *Ist das dein Ernst?*

Und vieles andere mehr.

Aber was, wenn dem Stänkerer das Halloo schon rausgerutscht ist?

Dann sollte man ihn ausbremsen, indem man freundlich „Hallo und Guten Tag" wünscht und ihn noch während seines letzten O's flugs stehen lässt.

Klamotten

Wieso ist eigentlich das einfache, treffende Wort **Kleidung** so gut wie verschwunden? Keiner scheint es mehr zu kennen oder zu mögen.

Statt dessen sind fast alle Kleidungsstücke nur noch **Klamotten.** Ein Wort, das ursprünglich abwertend gemeint war, und mit alt, schäbig oder minderwertig gleichgesetzt wurde.

Das Wort **Kleidung** ist offenbar so „uncool" geworden, dass man es auf jeden Fall umgehen oder ersetzen will.

Oder ist die Sensibilität für die Bedeutung der Worte und den Klang von Sprache auch in diesem Fall verloren gegangen? Denn zumindest für meine Generation klingt **Klamotten** doch eindeutig nach heruntergekommenen, abgetragenen Kleidungsstücken.

Seltsamerweise ist der alternative Begriff **Anziehsachen** bei fast allen Altersgruppen beliebt, obwohl das Wort eigentlich in die Kindersprache gehört und damit nicht nur infantil wirkt, sondern auch lang und umständlich ist.

Jedenfalls wird seit mindestens 20 bis 30 Jahren das Wort **Kleidung** in der Umgangssprache immer weniger benutzt. Jeder trägt und kauft **Klamotten**. Vielleicht liegt diese unterschwellige Abwertung daran, dass Textilien in den westlichen Ländern mittlerweile zu den berühmten „schnelllebigen Konsumgütern" geworden sind.

Wer jung und modern wirken will, sagt natürlich **Outfit**.

Für viele Mädchen und Frauen ist „shoppen" eine Freizeitbeschäftigung und mehrmals im Monat werden H&M, Zara und andere nach neuen Kleidungsstücken oder „**It-Pieces**" durchstöbert. Die Textilien sind billig geworden, vor allem durch die Produktion in Niedriglohnländern. Viele tragen die gekauften Stücke nur wenige Male oder gar nicht, man kann sie ja schnell durch Aktuelleres, Modischeres ersetzen oder im Internet verkaufen. Vielleicht ist das die Ursache für die flapsige Ausdrucksweise.

Die alten, manchmal nur wenig gebrauchten Sachen, gehen oft in den

Kleidercontainer. Der heißt noch so, obwohl ja eher **Klamotten** drin sein müssten.

Das war vor 60 und mehr Jahren noch anders. Man besaß nicht viel, häufig wurde sogar noch unterschieden zwischen Alltags- und Sonntagskleidung. Die wurde geschont und auch schon mal geflickt oder vererbt. Die Einkommen waren geringer und obwohl die Kleidung nicht immer hochwertig oder teuer war, wurde das, was man hatte, mehr geschätzt.

Und heute? Das leicht Verfügbare verliert an Bedeutung. Seine Kleidung als **Klamotten** zu bezeichnen klingt lässig, man drückt aus, sich viel davon leisten zu können und davon kein großes Aufhebens zu machen. **Klamotten** eben... und wenn sie von Prada, Gucci oder Adidas sind, sind es **Designerklamotten** oder **Markenklamotten**.

Niemand muss **Textilien** sagen, das passt eher zur Sprache der Wirtschaft. Aber der Begriff **Kleidung** könnte vielleicht doch wieder zeitgemäß werden, wenn die Ex-und-Hopp-Mentalität abnimmt zugunsten von bewusstem Konsum nachhaltiger Textilien von guter Qualität. Dem Beispiel des „Slow Food" folgend gibt es neuerdings auch die „Slow Fashion" und zum Glück mehren sich die Secondhandshops in den Städten und im Netz.

Können...

„Heute schreit der Markt nach Pathologen, die Meerschweinchen können und Wellensittich."
(Stern : Februar 2019)

Können ist ein wichtiges, oft gebrauchtes Hilfsverb. Denn gerade in Deutschland wird – etwas zu können – sehr positiv bewertet.

Es braucht ein weiteres Verb, damit die Aussage vollständig und verständlich wird. So **kann** jemand Klavier spielen oder schwimmen, etwas genießen, verstehen oder etwas nicht ertragen. Das Hilfsverb „**können**" wird für konkrete Fähigkeiten und Fertigkeiten verwendet und für Gefühle und Gedanken, wie sich **freuen können, verstehen können.**

Es bedeutet aber vor allem, bereit zu sein, etwas zu leisten, über Sachwissen zu verfügen und kompetent zu sein. Das: „**Yes, we can!**" von Barack Obama hat die Bedeutung des Wortes sicher noch verstärkt.

Wenn seit einiger Zeit in den Medien darüber nachgedacht wird, ob jemand die nötigen Voraussetzungen für die Bewältigung einer Aufgabe hat, oder für eine wichtige Position geeignet ist, so kommt es zu einer sprachlichen Verkürzung. Wegen der Alliteration besonders beliebt ist die sogenannte K-Frage.

Gibt es Zweifel, ob ein ambitionierter Politiker für die Kanzlerschaft geeignet ist, lautet dies: „**Kann Merz Kanzler?**" (Focus, 16.1.2021) Es trifft jeden. Im Handelsblatt vom 21.8.2020 heißt es: „**SPD-Kandidat Olaf Scholz – Kann er Kanzler?**" Mittlerweile wissen wir das ja genauer.

Oder etwas verändert in der Frankfurter Allgemeinen vom 11. April 2021: „**Kann die CSU überhaupt Kanzler?**" Das kann aus aktueller Sicht vorläufig verneint werden

Für ausgewählte Schüler zwischen 8 und 13 Jahren (zukünftige Wähler) bietet SAT1 im September 2021 die Show: „**Kannste Kanzleramt?**", damit die Kleinen sich schon früh an Politiker und deren Floskeln gewöhnen.

In einem Interview wird Frau Kramp-Karrenbauer gefragt: **„Können Sie Attacke?"** Die Antwort: **„Attacke kann ich auch."** Na dann…!

(**„Kann AKK Attacke?"** würde noch toller klingen oder vielleicht doch eher nach **„Kacke"**?)

Nebenbei: In ihrem damaligen Ressort als Verteidigungsministerin mag sie das Attackieren für geeignet gehalten haben. Guter politischer Stil ist es jedenfalls nicht. Außerdem hat es sich als sonderliche effektiv erwiesen.

„Berlin kann Hauptstadt", ist eine andere, etwas ältere Schlagzeile. Ohne Kommentar.

Kastrierte Sätze dieser Art kann man als Schlagzeile, als Titel gerade noch so tolerieren. Aber im Fließtext oder im Gespräch werden sie end-gültig zur sprachlichen Schlamperei.

Leider ist es üblich geworden, die Frage nach dem **„Können"** auf alles und jeden zu beziehen. Auch auf den Pathologen, von dem die trauern-den Haustierhalter angeblich verlangen, dass er **„Meerschweinchen kann"**.

Oft weiß man so ungefähr, was gemeint ist, aber eben nur ungefähr. Klar, in den Texten hinter den Schlagzeilen wird es manchmal konkre-ter. Aber manchmal ist nicht immer.

Dabei kann **Können** viel bedeuten. Es kann intellektuelles Potenzial sein, Talent, Kreativität, Kraft, Erfahrung und soziale Kompetenz, Leis-tungsfähigkeit oder Sachwissen.

Das **Können** könnte mit Inhalt gefüllt werden, aber einfacher ist es ohne. Und deshalb macht die Floskel Furore unter den Public-Relation Agenten der unterschiedlichsten Institutionen.

Auch die Kirche surft auf dieser Welle. Das Bistum Essen nennt seine Webseite: Kirche-kann-Karriere.de

Wen es interessiert, der kann es googeln.

Auf der Webseite ökolandbau.de wird die Behauptung aufgestellt: **„Bio kann jeder"**. Und der Titel eines Kochbuchs lautet: **„Vegan kann**

jeder". Aber auch Dinge **können**: „Wir sind „Holz kann!" behauptet der Bund Deutscher Zimmermeister im Zentralverband des Deutschen Baugewerbes auf der Webseite holz-kann.de. Und die Pharmabranche schließt sich an mit einjakann.de. Johnson & Johnson macht damit auf Initiativen aufmerksam. Unter dem Titel: „Ein ja kann", wird das Engagement für SOS Kinderdörfer beschrieben. Klar, es geht um Aufmerksamkeit, Einprägsamkeit, und in diesem Fall um eine gute Sache.

Ein paar Mal gebraucht, sind solche Sprachformeln ja noch kreativ oder witzig. Aber das endlos wiederholte Abkupfern eines vermeintlich flotten journalistischen Stils wirkt irgendwann abgedroschen. Das **Können** ist zu verkürzt, um mehr zu sein als glattgebügelt und inhaltsleer. Es ist leicht zu konsumieren, beliebig und diffus. Jeder kann sich, je nach Horizont und/oder Weltsicht etwas anderes darunter vorstellen. Journalistisch kompetent ist das nicht.

Und schon lange nicht mehr originell.

Alle die Medien, die das Wort **können** auf diese Art benutzen, **die können mich mal...**

In die Tonne kloppen

Diese Metapher geht in eine ähnliche Richtung wie der Klogriff. (Kapitel: Griff ins Klo)

Der Satz:„Das kannst du in die Tonne kloppen!" ist eine Aufforderung. Wie die Anrede „Du" und das umgangssprachliche „kloppen" zeigt, wird der Ausdruck in Alltagsgesprächen unter Freunden gebraucht. Eigentlich sollte der angesprochene Vorgang für kaputte oder wertlose Dinge, gelten, die weggeworfen werden.

Aber es geht um Immaterielles, um Vorstellungen oder Wünsche, Ideen oder Pläne. Diese werden kurz und kühl als nutzlos und untauglich abqualifiziert.

Mit der Tonne ist natürlich eine Mülltonne gemeint, und Müll ist zu nichts oder zu nichts mehr nütze. Ein Recycling und damit eine eventuelle sinnvolle Verwertung wie bei Glas-, Papier- oder Plastiktonnen kommt nicht infrage.

In Verbindung mit dem Verb kloppen, das werfen oder schmeißen ersetzt, bekommt der Spruch eine aggressive, despektierliche Note. Das Wort kommt aus dem Mittelniederdeutschen und wird vom Duden als korrektes umgangssprachliches Verb akzeptiert. Eigentlich steht es für schlagen.

So kann man einen Nagel in die Wand kloppen, aber auch jemanden verkloppen oder gar krankenhausreif kloppen.

Einem Freund zu raten, er könne seine Ideen oder Vorstellungen in die Tonne kloppen, klingt vielleicht launig und salopp, zeigt aber im Grunde Geringschätzung und fehlende Empathie.

Ein Vorgesetzter, der Verbesserungsvorschläge seiner Angestellten so kommentiert, wäre respektlos und würde das Betriebsklima gefährden.

Wenn schon, dann ist es der Spruch, der „in die Tonne" gehört.

Liefern

Das Verb liefern ist ausgesprochen vielseitig. Ursprünglich aus der niederländischen Kaufmannssprache „leveren" stammend, bedeutet es, eine Ware vom Auftraggeber zum Besteller zu transportieren.

Die **Lieferanten** und **Lieferketten** sind Zwischenglieder zwischen Produktion und Konsument. Allen voran **liefern** Amazon und DHL, Speditionen **liefern** voluminösere Waren, der Pizzabote flache Schachteln.

Urgetreide und Obst **liefern** jede Menge Energie und historische Dokumente können ein realistisches Bild der Zeit **liefern.**

Als reflexive Variante des Verbs **lieferten sich** 1757 die Engländer und Franzosen einen erbitterten Kolonialkrieg.

Im übertragenen Sinne bedeutet der Ausdruck unter anderem, dass Ankündigungen wahr gemacht und Erwartungen erfüllt werden. Es wird zumeist etwas Positives sein, das dargeboten, vorgeführt oder gezeigt wird.

Da Leistung vor allem in westlichen Gesellschaften einen hohen Stellenwert hat, ist das Wort als Sinnbild für das Vorweisen von Resultaten vor allem in der Wirtschaft, im Sport und der Politik zu finden. Dass jemand dabei **liefern muss**, ist die häufigste Variante.

Journalisten sehen sich als Agenten ihrer Rezipienten verpflichtet, auf die Erfüllung von Erwartungen zu drängen. Immer wieder und überall. Man hat den Eindruck, es sei so eine Männersache, denn beim Sport dominiert der Leistungsdruck und damit die **Lieferei.**

„**Diese 6 Stars des FC Schalke 04 müssen jetzt liefern**", um die Mannschaft aus „dem Tal zu führen", macht ein Artikel auf der Internetseite 90MIN (09/2016) den Lesern deutlich. „**Bayerns Joshua Zirkzee muss endlich liefern**" ist besonders dringlich, da der Spieler bisher offenbar äußerst lustlos war. (ran.de zu den Testspielen der Bundesliga 2021).

Der „Sportbuzzer titelt 2016: „**Schluss mit Larifari: DFB Team muss gegen Italien liefern**".

Im Mai 2021 (HNA) wird auch von der Kasseler Eishockeymannschaft angesichts des Finales mehr Anstrengung verlangt: **„Die Huskies müssen jetzt liefern!"** Stellvertretend für die Fans geben sich die Sportreporter unerbittlich.

Auch außerhalb des Leistungssports kommt das **Liefern** selten ohne Zwang daher. So <u>wollen</u> die Gesellschafter von SAP **„erstklassige Ergebnisse für unsere Kunden liefern"**. Und der Interessenverband für Zeitarbeitsunternehmen räumt – unter Druck geraten – selbstkritisch ein: **„Zeitarbeit <u>muss</u> Fakten liefern!"**

Auch in der Religion wird es eng. Auf <u>domradio.de</u> gesteht man sich ein, dass die Zukunft des kirchlichen Lebens in Deutschland gefährdet ist: **„Synodaler Weg muss liefern!"**

Fast immer jedoch kommt die Kritik von außen, dem Angesprochenen wird direkt oder indirekt eine schwache Leistung vorgeworfen. Besonders in der Politik. Wenn der Cicero zu Seehofers verschleppten Seenot-Rettungsprojekten fragt: **„Warum kann er nicht endlich liefern?"**, ist die Frage rhetorisch und als Tadel zu verstehen.

Wenn die SPD Fraktion in Halle/Saale den Oberbürgermeister angesichts von störenden Trinker-Treffs zum Handeln auffordert: **„OB muss beim 24-h-Ordnungsdienst liefern"**, kann man sicher sein, dass dieser nicht der eigenen Partei angehört. Und immer ist es höchste Zeit. **„Kommunalwahlen in Frankreich: Jetzt muss Macron liefern!"** (TAZ)

Was ist an der ganzen **Lieferei** auszusetzen?

Es ist der merkantile Aspekt, der diese Metapher unangenehm macht. Politische Prozesse werden mit einem Kaufvorgang gleichgesetzt. Journalisten fordern, stellvertretend für die Bürger, dass ein Auftrag in Gang kommt. Denn die erwarten ungeduldig dessen **Lieferung**. Das ist nachvollziehbar. Aber das Wort wirkt pampig, vor allem, wenn es mit **endlich, jetzt** und **müssen** in Verbindung steht. Zu exzessiv gebraucht, ist das populistisch. Man redet dem Volk nach dem Maul, bedient die Lust an der Empörung über „die da oben".

Statt sich dieser mauligen Floskel zu bedienen, könnte man zum Beispiel darauf bestehen, dass „eine Ankündigung realisiert", „eine Forderung erfüllt" wird, dass etwas ausgehändigt oder präsentiert wird, dass gehandelt wird, Fortschritte transparent gemacht werden, Ergebnisse vorgelegt werden müssen. Und so weiter.

In knackigen Sätzen das **Liefern** zu fordern, ist einfacher, als sich über mögliche Synonyme Gedanken zu machen. Zugegeben, der Begriff ist kurz und verständlich und eignet sich gut als Schlagzeile. Er macht zudem den Unmut darüber deutlich, dass Politiker Versprechungen machen, die sie dann nicht einhalten.

Trotzdem ist politisches Handeln keine Situation, wo etwas Bestelltes von einem Produzenten zum Empfänger gebracht wird. Die Bürger und mit ihnen die Berichterstatter sind keine Kunden, die für eine bezahlte Sache nun auf sofortige **Lieferung** drängen dürften. Das zeigt wenig Demokratieverständnis. Nicht nur, weil der Staat und seine „Diener" das Vertrauen der Bürger verdienen sollten. Sie sollten Ihnen auch Zeit geben und nach Möglichkeit selbst interagieren.

Denn letztendlich lässt diese Haltung außen vor, dass das Geforderte auf komplexen Entscheidungsprozessen beruht, auf Recherchen, Evaluationen und Debatten. Politiker sind keine Metzger, die Wurstplatten für das Familienfest **liefern.**

Das bedeutet nicht, dass sie nicht kritisiert, angemahnt und gefordert werden sollten. Nur sollte dies nicht mit einer banalen Floskel geschehen, sondern in einer angemessenen Sprache.

Lupenrein

Von Anfang an unpassend war Gerhard Schröders Auszeichnung Putins als **lupenreinen Demokraten**. Seine von wirtschaftlichen Interessen und politischer Instinktlosigkeit geleitete Aussage war leicht zu durchschauen und ging nach hinten los. Die Öffentlichkeit reagierte entsprechend mit **Null-Verständnis**. Was Schröder nicht anficht, denn bis heute hat er diese Aussage nicht wirklich zurückgenommen. Ulrich Krökel zitiert Schröder ironisch und macht in der Saarbrücker Zeitung vom 10.6.2021 mit Hinweis auf Putins Druck auf Medien, politische Gegner und zivilgesellschaftliche Organisationen deutlich: „**So vollendet Putin seine lupenreine Autokratie**". Seit Februar 2022 ist Putin ohnehin nur noch ein Synonym für Tyrannei und Völkermord.

Doch mit der ein- oder zweimaligen Verwendung des Begriffs der **Lupenreinheit** blieb es nicht. War es früher noch ausschließlich eine Bezeichnung für Diamanten, die unter 10-facher Vergrößerung keine Einschlüsse vorweisen, haben einige Institutionen und natürlich die Marketingmenschen dieses Qualitätsmerkmal für ihre Zwecke vereinnahmt.

In Gestalt von Klementine, der properen Produkt-Ikone mit weißer Latzhose samt Maler-Kappe und rot-weiß kariertem Hemd, bestimmt ab 1968 der Sauberkeitskult die Werbepausen des deutschen Fernsehens. Das Waschmittel Ariel wasche „**...nicht nur sauber, sondern rein**", behauptet die energische Matrone.

Da fehlt nicht viel zur **Lupenreinheit**. Jahrzehnte später wirbt die Firma „bebé" mit: „**Lupenrein – sanfte Pads & Augen Make-Up Entferner**". Und im „Alina Online Shop" wird der Kampf gegen Pickel und verstopfte Poren mit: „**Lupenrein-Porentief schöne Haut**" mit dafür geeigneten Cremes eröffnet. **LupenRein** heißt eine Internetseite, die biologische Haut und Haarpflege anbietet, sogenannte **Wohlfühlprodukte** zur Optimierung des **Glows** (makelloser Glanz der Haut).

Auch Männer bleiben nicht verschont vom Sauberkeitswahn. In der Augsburger Zeitung wird ein Frühjahrscheck empfohlen: „**Autopflege: Lupenrein und profiliert**". Saubere Scheiben sollen für einen „**lupen-**

reinen Durchblick" sorgen. Nun gut, schwieriger zu **durchblicken** ist hier die Bedeutung von **profiliert**. Sollten „Profis" gemeint sein, beziehungsweise die Professionalität der „Putzenden"? Falsch, denn profiliert kommt von Profil.

„Profis" sind natürlich auch etliche Gebäudereinigungen im Land, die mit dem Firmennamen „**Lupenrein**" versprechen „ihre Immobilien in neuem Glanz erstrahlen" zu lassen. Dem Schmutz wird überall und mit exzessiver Gründlichkeit zu Leibe gerückt.

Abseits der Werbung schmückt sich eine von Pädagogen initiierte Wanderausstellung inklusive Trommelkurs mit dem Titel: „**lupenrein & wasserfest**". Die „Pankower Früchtchen" präsentieren damit im März 2019 ein Projekt aus dem Sachunterricht: „Schüler*innen erforschen Gewässer und retten einen See".

So löblich die ökologische Aktion, so unklar ist es, was **Lupenreinheit** hier sein soll. Klingt eben irgendwie gut...

In „Psychologie Heute" fragt Matthias Jung, ob **rein** denn überhaupt eine sinnvolle Steigerung von **sauber** sei. Er stellt fest: „**Reinheit** zählt zu den wichtigsten Hochwertwörtern unserer Sprache, ruft Vorstellungen eines gelingenden, auch moralisch richtigen Lebens auf den Plan." Der Begriff habe einen religiösen Ursprung im Sinne von Schuldlosigkeit oder gottgefälligem Handeln. (Allem voran die Reinheit der katholischen „Gottesmutter")

Das ist auch dem rpi (Religionspädagogisches Institut der Evangelischen Kirche Kurhessen-Waldeck) bewusst. Im Netz zeigt es eine „Erklärfilm-Reihe zu reformatorischen Kernthemen". Diese nennen sich „**Filmepisoden LUPENREIN**" und „bieten Entdeckungsreisen in die Reformation." Damit soll „protestantische Spiritualität" gefördert werden, unter anderem durch Kenntnisse zu Luthers Zeit. Das tut Not, denn Spirituelles verbindet so leicht niemand mit dem Protestantismus. Warum die Filmchen nun unter **Lupenrein** laufen, wissen nur die verantwortlichen PR Leute.

Zumindest moralisch einwandfrei beziehungsweise gesetzestreu will auch die akademie.lexware.de sein und bietet eine Online-Fachschulung für 49,95 Euro an: „**Geschenke an Mitarbeiter – steuerlich rechtlich lupenrein gestalten**".

Ganz klar unmoralisch zeigen sich die deutschen Rapper „Undacava, Pablock & Jason". „Du bist Gangster, wozu fährst du U-Bahn" zeigt, um wen es geht. Und mit dem Refrain: „**Lupenreines Weiß – wir tragen Uhren aus der Schweiz**" spielen sie auf illegale, aber einträgliche Einnahmequellen durch den Verkauf von (hochwertigem?) Kokain an.

Irgendwie geht es zu oft ums Geld.

Macht euch krass und ehrlich

Was bekommen wir nicht alles für Empfehlungen und Aufforderungen unseren Konsum oder unsere Selbstoptimierung betreffend.

Der Imperativ: **Mach dich...!** oder **Macht euch...!** hat viele Facetten.

Am penetrantesten ist Daniel Aminati, der außer als Internet-Fitness-Trainer noch bei Pro7 als Moderator arbeitet und seinen unmäßig breiten Oberkörper gerne in hautenger Kleidung zur Schau stellt.

„**Macht euch krass**" lautet seine Aufforderung an alle schmalbrüstigen Männer. Man findet seine Ratschläge für Ganzkörpertraining und Ernährung auf Gymondo, bei der Krankenkassenzentrale und natürlich auf YouTube.

Unter „**Daniel Aminati macht Aldi-Süd krass**" kann man sich ein peinliches Filmchen ansehen. Wie ein US Army Drill Sergeant brüllt er das Aldi-Personal – politisch korrekt auch auf Türkisch – an. Die werfen sich dann Salatköpfe zu oder stapeln Konserven – alles für die Fitness. Viele „Follower" sind angetan, finden das lustig, nur vereinzelt gibt es Kritik. Ein Kommentar: „Ich finde das einfach nur verstörend."

Weniger aggressiv präsentiert sich das Gesundheitszentrum Wernigerode mit „**Mach dich fit**". Es bietet einen „Technogym-Ausdauerpark mit TV-System" inklusive „Wasserflat". Heißt: Man kann so viel Wasser saufen wie ein Waldesel. Immerhin ist das Wort „Ausdauerpark" nicht ganz so **krass** euphemistisch wie der „Entsorgungspark". Und wieder ist Herr Aminati dabei, wenn krass zu fit wird. „**Mach dich Fit – Für Kids**" heißt das Machwerk. Mit wechselnden agilen Partnerinnen zeigt er großzügig seine peinlichen Tattoos und „singt" zu allem Überfluss noch ein dämliches Liedchen, das seine kleinen Zuschauer zum Mitmachen animieren soll. Gott sei Dank mit geringem Erfolg, denn Folge 6 „Wasserflaschentraining" hat nur 57 Aufrufe. Kommentare wurden deaktiviert.

Im Netz ist die „Fit-Variante" zahlreich zu finden. So verspricht „**Nina macht dich fit**" Frauen an und für Männer in der Schweiz bietet der drahtige Roman mit „**Ich mach dich fit**" „Running" und „Biken" an – für

50 Franken pro Stunde.

Literatur zum Thema gibt es mehr als genug. Mit dem gleichen Titel wie Roman sucht Dr. Christine Theiss nach willigen Lesern. Mit **„Mach dich fit"** (in nur wenigen Minuten) lockt Heike Drechsler speziell alte Menschen mit dem Versprechen, sich im Alltag wohler zu fühlen. Bestimmt eine gute Sache, aber das ginge auch mit einem anderen Satz, zumal in dieser Zielgruppe nicht jeder geduzt werden möchte. Doch Fitness ist nicht genug. Für alle, die aktiv und selbstbewusst im Leben stehen wollen, ist mehr drin.

Zunächst ein Ratschlag für „Ghetto-Kids". **„Mach dich groß"** singt Seelemann und geht ins Detail:

„Mach dich groß und zeig der Welt deinen Namen – ich bin für viele nur der coole Typ den die Kritik nicht trifft und der kein'n Fick drauf gibt..."

Interessante Redewendung gegen Ende – ein Neologismus sozusagen, der noch nicht vielen Menschen bekannt sein dürfte. Man könnte Seelemann die Internetseite **„Mach dich wach"** empfehlen, da kann man Vitamine und Mineralstoffe kaufen, die helfen vielleicht bei der Suche nach besseren Reimwörtern. Die Kampagne **„Mach dich wichtig"** der Landeshauptstadt Düsseldorf würde bei ihm allerdings offene Türen einrennen. Die ist eigentlich zur Stärkung von Jugendrechten gedacht. Ob sich junge Menschen damit gegen unflätige Sprache wehren, ist eher unwahrscheinlich.

Speziell für Kinder gibt es einen Podcast mit dem Titel: **„Mach dich glücklich"**. In netten Liedchen wird von Theo, der gerne Pokémon spielt und Corinna, die gerne turnt, erzählt. Kinder sollen animiert werden, für sich Dinge zu finden, die ihnen Spaß machen. Auch **„Mach dich stark"** ist eine für Kinder gedachte Initiative der Regierung von Baden Württemberg. Es gibt einen „Starkmacher-Blog" und **„Mach dich Stark-Tage"**.

Für Erwachsene, die etwas mehr vom Leben wollen, bietet die „Sinn-Coachin" Marion Lang ihr „Mutmachbuch" mit dem Titel: **„Mach dich glücklich"** als : „Dein Reisebegleiter zum Glück" an. Richtig stark ist ihr Motto: **„Mach dich selbst glücklich und du bist ein Glücksfall**

für die Menschheit."

Na dann...

Auf Beispiele mit „**Ich mach dich glücklich**" soll hier verzichtet werden, es ist schließlich keine Aufforderung, sondern eine Absichtserklärung. Ob als Film, Fernsehserie oder Buch, von diesem schwer einzuhaltenden Versprechen verliebter Menschen gibt es zu viele. Auch „**Kauf dich glücklich**" fällt raus. Das **machen** wird eindeutig zum Imperativ: „**Kauf!**"

So viel Glück kann nur noch durch gutes Essen gesteigert werden und tatsächlich, die meisten Google-Treffer mit der Aufforderung sich **glücklich zu machen** bekommt man bei **Rezepten** aller Art. Das kann man gelten lassen.

Auch die Firma Arlafoods will nur Gutes und wirbt mit: „**Mach dich bereit**" für nachhaltiges, von Skandinavien inspiriertes Essen und meint damit auch den etwas mauen Joghurt Skyr.

Kalorienreduziert und ganz ohne Konsumterror kommt die Sängerin Vera Klimm aus: „Wenn du fliegen willst – **dann mach dich leicht**". Ein typisch weiblicher Rat, ungeeignet für Aminati und dessen „Follower". Zu leicht passt locker. Die „Bestsellerautorin" Ellen Berg beschreibt mit „**Mach dich locker**" wie man „eine Ehe nach 15 Jahren Beziehungsroutine" rettet. Zwänge man die „böse" Sybille Berg das Buch zu rezensieren, könnte die Schlagzeile vielleicht: „**Ich mach dich zur Schnecke**" lauten. Udo Lindenberg wäre das alles egal, sein Film „**Mach dein Ding**" wird außer erklärten Anhängern aber kaum jemanden interessieren.

Ihr ganz spezielles **Ding machen** auch die **Macher** von: "**Mach dich ran**", einer Mischung aus Verbrauchermagazin und Spielshow des MDR. Denn der extrem gut gelaunte Moderator stellt sich der Aufgabe, Probleme von Zuschauern innerhalb eines Tages zu lösen. Da muss eine Kleingartenanlage in Chemnitz aufgeräumt werden, ein Bürostuhl zusammengebaut oder ein Einbautermin für fehlende Balkontüren mehrerer Leipziger Wohnungen gefunden werden. Moralisch noch anspruchsvoller wird es auf der Internetseite des Kreises Rendsburg-Eckernförde, auf der unter dem Motto „**Mach dich wertvoll**" Menschen für Ehrenämter gewonnen werden sollen.

Es ist so: Verschiedene Absender agieren mit dem gleichen sprachlichen Muster. Der Rezipient wird geduzt und ihm soll etwas „verkauft" werden. Ganz direkt und persönlich, distanzlos und laut. Ein Paradox, dass der Einzelne angesprochen, aber viele gemeint sind. Die, die es sagen, haben das Sagen und zwar frech und ungeniert.

Dieses **„mach dich"** oder **„macht euch"** schlägt dem Leser/Hörer extrem offensiv entgegen. Es erinnert an: „mach mal dies... mach mal das..." was Eltern so zu ihren Kindern sagen oder (immerhin noch siezende) Vorgesetzte zu den Angestellten.

Unabhängig von Bildungsstand oder Sozialstatus werden alle gleichzeitig vertraulich und in autoritärem Duktus angegangen. Die Sprecher scheinen es dabei gut zu meinen, sie zielen auf vorhandene Bedürfnisse. Schließlich will fast jeder fit, wach, wichtig, locker und glücklich sein. Je mehr selbständiges Denken auf dem Rückzug ist, desto besser für profitable Zwecke. Die Aufforderung zum **Machen** ist ein Moment, ein Impuls. Redlichkeit spielt dabei keine große Rolle. (Für die lobenswerte Förderung von Kindern und Jugendlichen könnte man weniger abgegriffene Slogans nutzen.)

Und <u>wie</u> müssen wir uns sonst noch **machen**? Auf jeden Fall sollten wir uns **„schlau machen"** um die Epidemie des Imperativs **„Macht euch ehrlich"** zu durchschauen.

Am exzessivsten wird das mit der Ehrlichkeit in der Presse behandelt – überwiegend bei politisch-gesellschaftlichen Belangen. Jutta Ditfurth ist immer gut, wenn es um populäre Sprache und knackige Themen geht. So war sie mal „stinkesauer" auf die Grünen und forderte 2020 in einem Gastbeitrag in der ZEIT unter dem Motto „Klartext for Future": **„Macht euch doch ehrlich"**. Denn Klimaschutz „gehe nur gegen den Kapitalismus".

Da die Regierung wiederum die Kosten dafür verschweige, mahnt DIE ZEIT im September 2021 mehr Transparenz an: „Klimaschutzkosten: **„Macht euch ehrlich"**. Mit den gleichen Worten beklagt auch das Helmholtz Institut mangelnde Transparenz der Parteien in Bezug auf die Hochwasser-Katastrophe in 2021. Denn es sei eine Illusion, dass es Sicherheit geben könne in Hinblick auf Überschwemmungen in der Zukunft.

Müssen all diese berechtigten Forderungen mit der immer gleichen Floskel gestellt werden?

Auch auf "Welt.de" geht es um ein wichtiges Thema. Chefredakteur Ulf Poschardt warnt 2018 mit **„Macht euch doch endlich ehrlich"** vor den politischen Verwerfungen, die von weltweiten Flüchtlingskrisen ausgehen.

Natürlich ist auch die BILD Zeitung dabei. Zum Versagen des Westens in Afghanistan passt **„Macht euch ehrlich"** doch prima. Schon 2009 kann man den Imperativ im Tagesspiegel zum Thema Steuern und Finanzen lesen – klar – gewisse Kreise **machen sich** schon lange alles andere als **ehrlich**.

Der Ausdruck dient auch dem Lehrerverband, der feststellt, dass die Politik den Lehrermangel in Corona-Zeiten zu verantworten habe. Geschehen ist übrigens nichts.

Schon 2018 hatte die Wirtschaftswoche auf ihrer Internetseite zum Thema „Dieselgate" mit **„Autobauer macht euch ehrlich"** wenig Erfolg. Da musste erst die Justiz die Fakten erzwingen. Auch bei kleineren Zerwürfnissen wie zwischen Gabriel und der SPD greift der Spiegel schon 2015 zu der Floskel und Regionalblätter greifen es auf.

Die Waltroper Zeitung drängt die Stadtverwaltung: „Pflasterarbeiten am Markt, die x-te! **Macht euch endlich ehrlich"**. Da müsse endlich mal erklärt werden, warum die Steine innerhalb kürzester Zeit ganze drei Mal hochgehoben und wieder gesetzt wurden.

Es gibt auch Abwandlungen der Formel. Da die AfD auf eine Forderung nach Ehrlichkeit kaum reagieren würde, spricht ein Querdenker im Oktober 2021 die Partei auf „Regensburg-digital" mit: **„Macht euch wählbar"** an. Das hat erfreulicherweise nicht so gut geklappt.

Zumeist wird die Aufrichtigkeit von bestimmten Gruppen eingefordert. Die Autobauer, die AfD, der Westen, es wird auf eine breite Front gefeuert. Man appelliert an die Ehre, sofern die so Ermahnten Wert auf ein sauberes Image oder eine positive Reputation legen. Die Mahnenden sehen sich – im Auftrag der Rezipienten – als moralisch überlegen. Gegen Betrug und Vertuschung machen sie sich zum Anwalt der „einfachen" Menschen.

Aber wie so oft bei übermäßiger Nutzung von Floskeln, verlieren diese mit der Zeit ihre Wirkung.

Ganz anders verhält es sich mit dem „**machen**" als Drohung unter Voranstellung der 1. Person. Am häufigsten ist „**Isch mach dich platt**" oder „**Ich mach dich zur Minna**" (sehr sexistisch), wahlweise noch kombiniert mit „fertig" oder „alle" zu hören. Da kündigen – zumeist Männer – unerfreuliche Aktionen an. 2009 veröffentlicht Heike Wiese eine wissenschaftliche Arbeit an der Goethe-Universität in Frankfurt mit dem Titel: „**Ich mach dich Messer** – Grammatische Produktivität in Kiez-Sprache". Die, die so sprechen oder gar handeln, lesen das leider nicht – weil sie nicht wollen oder können.

Mit ihrem Kinderbuch „**Ich mach dich platt**" kann die schwedische Autorin Pernilla Stalfelt da hoffentlich präventiv wirken. Es wendet sich gegen Gewalt und hat zum Glück eine große Leserschaft.

Zurück zur Kapitalismuskritik. Diesmal musikalisch, im Stil der Toten Hosen singt Madsen: „**Macht euch laut**". Er spricht damit „Poeten, Philosophen und betrunkene Genies" an, die gegen Krieg, Großkonzerne, Macht und Geld aktiv werden sollten. Sprachlich unbeholfen, aber ethisch richtig. Ebenfalls laut und in Richtung auf Rechtsradikale und andere Extremisten tönt die italienische (!) Deutsch-Rockband mit Namen Frei.Wild : „**Macht euch doch endlich alle platt**". Denn:

„Ihr geht uns alle auf den Sack. Haut euch die Knüppel in die Schnauze, Scheiß Extremistenpack."

Das ist klar und erfrischend im Vergleich zu all der **Ehrlichmacherei**. Wenngleich die Angesprochenen wahrscheinlich

„...kein'n Fick drauf geben"

Mäandern

Der Bedarf der Medien an „neuen" Worten ist groß. So tauchte vor wenigen Jahren das Verb **mäandern** auf. Eigentlich vorwiegend in der Geologie beheimatet, als Bezeichnung für den kurvenförmiger Verlauf eines Gewässers, oder substantivisch als Ornament in der griechischen Kunst, zeigt es sich jetzt in jedem Kontext und in allen Medien.

Vermutlich vom englischen „to meander" oder „to meander along" abgekupfert, das so viel wie schlendern bedeutet.

So gab es, laut FR, für das farbenfrohe Main-Matsuri-Festival in Frankfurt „...einen VIP-Pass ... mit dem sie so slotlos (!) durch das Festival **mäandern** können wie Thomas Bach durch die Olympischen Spiele." Der Vergleich wirkt etwas angestrengt, aber ein Wandeln, wie zufällig, ganz nach spontaner Lust und Laune, passt zum Begriff. Ähnlich machten es Schaulustige 2012 nach Entdeckung eines Kornkreises in der Nähe des Ammersees, sie „rücken rudelweise an, ... **mäandern** sinnierend im Weizen, spüren und wissen Dinge, die nicht jeder weiß und spürt." (Podcast des Bayrischen Rundfunks vom 3.8.2021)

Der Bauer wird nicht erfreut gewesen sein, genauso wenig wie städtische Fußgänger, wenn Rennradfahrer mit Stöpsel im Ohr „...wie ferngesteuert durch urbanes Verkehrsgetümmel **mäandern**." Unerfreulich war es auch für die Weltwirtschaft, als die „Ever Given" den Suez-Kanal blockierte. Wer damals schiffsradar.org angeklickt hatte, konnte bildhaft sehen, dass: „Schiffe, die auf die Einfahrt warten, vorher herum **mäandern**." Sie bewegen sich kreisförmig oder in Schleifen, beziehungsweise „dümpeln herum".

Aber nicht nur die Körper und Dinge, auch der Geist neigt zum **Mäandern**. Tilmann Prüfer schreibt 2021 in der ZEIT zum Thema „Studienwahl heute": „...Studieren (war) einmal etwas, das man irgendwie begann, um durch mehrere Fächer zu **mäandern**." War das jetzt fruchtbar für den Bildungsweg oder einfach nur ein unentschlossenes Herumvagieren und „Abhängen"?

Die „Jüdische Allgemeine" (10/2020) rezensiert Werke des Autors Chaim Noll und attestiert ihm: „...ein **Mäandern** zwischen Topoi und Zeiten, in der eleganten, niemals drögen Sprache eines literarisch und religiös hochgebildeten Intellektuellen."

Hier lobt das Wort einen offenbar vielseitig gebildeten Autor.

Es ist nicht immer so eindeutig, man muss schon auf den Kontext achten.

Das beweist ein Kommentar zum Filmstart von „The worst person in the world" des Norwegers Joachim Trier. Mit seinen Schnittpassagen und Voice Over sei der Film: „...**mäandernd** und ausfransend" wie die Generation, die er beschreibe. Somit hätten wir also eine These, nach der eine ganze Generation **mäandert**. Das klingt ganz danach, als sei **mäandern** eine Art **rumeiern**.

In eine ähnliche Richtung geht ein Kommentar des „Spiegel" vom 29.3.21 über das Fernsehinterview von Angela Merkel bei Anne Will: „ Nach dem mea culpa des Menschen Angela folgte das **Mäandern** des Machtmenschen Merkel. Die Talkshow geriet zum taktischen Debakel..."

Noch deutlicher sagt es die Berliner Zeitung in einem Beitrag zur Briefwahl im August 2021: „Während die Kandidierenden durch ihre Fettnäpfchen **mäandern**, ist für die Wahlberechtigten jeder Tag mehr Wissen."

Am „Tag der Schachtelsätze" hält auch ein Kommentator auf **br24.de** nicht viel davon, weil: „...verbales Ausschweifen, Ausschmücken und **Mäandern** ... oft zu genervtem Augenrollen führt."

Bedenklich ist auch, wenn: „Finanzmärkte **mäandern**", denn dann gibt es keine klaren Trends, die Anleger werden nervös und Frau Lagarde muss „Klartext" sprechen. Zu einem Bebauungsplan in Dinslaken stellt der Hr2 fest: „Seit vier Jahren **mäandern** die Pläne." Da herrscht in der Gemeindeverwaltung eher Schlendrian als Klartext. Und ob die Vernehmungen nach einer Polizeirazzia erfolgreich sind, wenn sie „...in weiten Bögen **mäandern**"?

In der Musik allerdings scheint das **Mäandern** fast immer erwünscht zu sein. Die US-amerikanische Multimediakünstlerin Danielle de Picciotto wird vom Musicexpress gelobt: „Die meisten Stücke **mäandern**, weit weg von konventionellen Songstrukturen..."

Der Schwarzwälder Bote (11/2018) ist angetan von der Band „Wilde Hilde" und titelt: „**Mäandern** zwischen mehreren Musikgenres". Vermutlich hätte es das Wort „wechseln" auch getan. Dies könnte ebenso gelten für das ungleich höhere Niveau der Pianistin Kaja Draksel, die laut Deutschlandfunk: ...**mäandert** zwischen Komponiertem und Improvisiertem."

Wenn aber der Singer-Songwriter Ben Howard mit seinen neuen Titeln „...etwas ziellos vor sich hin **mäandert**..." (Westfälische Nachrichten 3/2021) könnte das vermutlich dröge sein.

So hat **mäandern** etwas von einer Imponiervokabel und suggeriert Intellektualität.

Die Rezipienten müssen also oft gedanklich **mäandern**, um herauszufinden, was es tatsächlich damit auf sich hat.

Und als würde nicht schon überall genug **mäandert**, tun es auch unbewegliche Dinge. Die Badischen Neueste Nachrichten schwärmen im August 2021 vom Restaurant „Dolce Vita" in Bad Schönborn wie folgt: „In der Restaurant-Lounge hängen venezianische Spiegel, an den Decken **mäandern** mehrarmige, ausladende Lampen, designt in Italien."

Also Vorsicht, schauen sie ab und zu nach oben, um der möglichen Gefahr von **mäandernden** Lampen aus dem Wege zu gehen. Und wenn es sich nicht gerade um den Kelsbach in Oberdolling handelt, muss man jedes **Mäandern** daraufhin prüfen, wie es nun eigentlich gemeint ist.

Malle und Fuerte

Aus sprachökonomischen Gründen werden manche Orte abgekürzt. Das sechssilbige Bundesland Mecklenburg-Vorpommern wird rigoros zu **Meck-Pomm**. Obwohl das mittlerweile fast alle verstehen, ist es selten – die anderen Bundesländer geben das nicht her. Obwohl es Nordrhein-Westfalen oder Schleswig-Holstein auch nötig hätten.

Auf Englisch wird Philadelphia mit dem Namen **Philly** touristisch beworben. Das klingt nach unbeschwerter Leichtigkeit und passt zu Rocky, der dort federnd die Museumstreppen hochrennt. Los Angeles ist nur L.A. und jeder weiß, was gemeint ist.

Im Kapitel „Späti, Schweini, Sozi und Co." geht es unter anderem um Berliner Orte mit verkürzten Namen. Kottbusser Tor wird zu Kotti, Boxhagener Platz zu Boxi. Die „liebevolle" i-Endung, für kritische Nicht-Berliner schwer nachvollziehbar, hat sich bei vielen Hauptstadtbewohnern durchgesetzt. Sie zeigt Vertrautheit, der Sprecher identifiziert sich und will sagen: „ Das ist mein Viertel, es gehört zu mir." Und er meint damit auch: "Es gehört mir, gehört uns!"

Selbst ein Ort mit hohem kulturellem Anspruch wird schon mal durch ein i verniedlicht und vereinnahmt. So nennen die Hamburger die Elbphilharmonie „**Elphi**".

Mit der Bezeichnung **Malle** für Mallorca scheint es sich ähnlich zu verhalten. Ein i zur Verkürzung bietet sich hier nicht an, aber das Prinzip ist fast das gleiche. Aber nur fast.

Denn verkürzte Wörter, die mit einem e enden wie Tanke oder Mucke klingen billig oder despektierlich. Nicht verkürzt, sondern unnötig verlängert ist: „Das ist nicht so **pralle**", eine Wertung, die sich selbst disqualifiziert.

Nun ist Mallorca wirklich kein unzumutbar langes Wort. Warum also verballhornen deutsche Massentouristen den Namen einer spanischen Insel?

Vielleicht aus praktischen Gründen: Aus einem edel klingenden Namen wird etwas, das germanische Volltrunkene leichter aussprechen können. Malle lässt sich gut lallen. Britische Trunkenbolde, die den Deutschen beim Binge-Drinking Konkurrenz machen, kriegen immerhin noch ein englisch ausgesprochenes „Majorca" hin.

Eigentlich hat es sich nach Jahrzehnten deutscher Invasion auf der Insel schon herumgesprochen, dass es ungebildet wirkt, wenn man Mallorca mit doppeltem L wie bei „Falle" ausspricht. Vielleicht ist es aber zu viel verlangt, dass der unbedarfte Reisende aus Köln oder Jena das spanische LL korrekt als J ausspricht. Von einem rollenden R mal ganz abgesehen – was bestenfalls die Bayern oder Franken hinkriegen würden.

Aber Bildung ist für etliche dieser Urlauber sowieso etwas absolut Überbewertetes. Und so hat sich die Eindeutschung der schönen Insel auch auf ihren Namen erstreckt. „Scheiß drauf – **Malle** ist nur einmal im Jahr" ertönen seit 2013 die Säuferstimmen beim Refrain des gleichnamigen Schlagers.

Zur sprachlichen Banalisierung passt auch, dass aus den Balnearios (Strandbädern) im Süden von Palma durch die hemmungslosen deutschen Gröler der **Ballermann** wurde. Man trinkt oder feiert eben nicht, man **ballert** sich einen, und das eben auf **Malle**.

Die Verbreitung dieser Abkürzung hat die BILD Zeitung von Anfang an gefördert. Weil Reime so schön sind, titelt sie 2014 zum Flughafen von Palma de Mallorca: „Hier landet das PRALLE Leben auf Malle". Diese nicht immer „freundliche Übernahme" der Insel durch Millionen Deutscher hat eine Geschichte.

Das geflügelte Wort von „Mallorca als 17. Bundesland" geht auf einen Artikel der BILD Zeitung vom 9. Juli 1993 zurück. Entstanden aus einem witzig gemeinten Interview wurde unter anderem die Möglichkeit einer Erbpacht von Mallorca durch Deutschland erwogen. Niemand nahm das ernst, außer den Engländern. So betonte die SUN, dass sie (die Briten) um jeden Liegestuhl kämpfen würden. (Dabei haben die ihren eigenen Ballermann in Magaluf)

Auf jeden Fall hat sich die „proletarische" Vereinnahmung durch die vielen Mallorca-Reisenden seitdem noch verstärkt, im Sinne von: Das ist unsere Insel, da benehmen wir uns mindestens so enthemmt wie zuhause und wir nennen sie auch so, wie es uns passt.

Dieses „**mal kurz nach Malle**" lassen sie beiläufig fallen, wie um zu zeigen, dass sie sich souverän außerhalb Deutschlands bewegen. Wobei den Kegelvereinen, Fußballfans, den Abiturienten oder Pärchen keine unkalkulierbare südliche Exotik droht, denn es ist fast wie zuhause, mit der Möglichkeit die Sau noch ungenierter rauszulassen.

Die Dominikanische Republik erleidet ein ähnliches Schicksal. Natürlich ist der Name lang, man braucht etwas Zeit, um ihn auszusprechen. Wie bei Mallorca ist der Massentourismus dort (erst seit den 80er Jahren) vor allem von den Deutschen geprägt. Es ist **unsere Domrep**. Die fernreisenden Insider zeigen damit, wie vertraut ihnen die Insel ist, und setzen sich „weltgewandt" von Schwarzwaldurlaubern ab. Sollte diesen der „Kosename" unbekannt sein, können sich die vermeintlichen Jetsetter umso mehr für exklusiv oder etwas Besseres halten. Schließlich reist man in die Karibik.

Das alles trifft so ähnlich auch auf die Kanarische Insel Fuerteventura zu – sie wird von manchen ihrer deutschen Besucher schlicht und armselig **Fuerte** genannt – natürlich ohne rollendes R – abgesehen von den Bayern und Franken.

Die Poesie des Inselnamens, den man mit „Große Glückselige" oder vielleicht mit „Großes (oder starkes) Abenteuer" übersetzen könnte, wird nicht wahrgenommen.

Auch die Poesie der Insel selbst erschließt sich nicht jedem, was man daran sieht, dass sich die meisten Urlauber freiwillig in ihre Ferienanlagen einsperren lassen. Was im Übrigen auch auf die República Dominicana zutrifft – die Insel wird kaum bereist. Man bleibt im Hotel, das ist billiger, sicher und komfortabel. Zuhause erzählt man begeistert von der Freundlichkeit der Einheimischen, dabei hat man bestenfalls die Hotelangestellten kennengelernt. Andere Begegnungen beschränken sich, wie auf **Malle** oder **Fuerte**, auf gleichgesinnte Landsleute. So fühlen sie sich wohl, fast wie zuhause, nur mit besserem Wetter und üppigem Buffet.

Ob **Malle**, **Fuerte** oder **Domrep** – diese Sprachverstümmelungen sind respektlos, die Inseln gehören nicht uns – wir sind dort Gäste und sollten uns – auch sprachlich – als solche benehmen.

„Alles so mega hier!"

Alles so mega hier...

Wer bisher dachte, die Deutschen seien zurückhaltend und unter-
kühlt, der irrt sich. Indiz dafür ist – unter anderem – das Wort **Mega,**
das zumeist als Ausdruck einer exorbitanten Begeisterung für alles und
jeden herhalten muss. Was vor 20 Jahren noch riesig oder gigantisch
war, erreicht mit **Mega** jetzt neue Dimensionen.

Der Begriff kommt aus dem Griechischen, steht für **groß** und ist eine
Maßeinheit mit dem Faktor 1 Million (Megatonnen). Zuerst tauchte
er im Bereich der Netzwerkentwicklung auf. Anschaulich wirkt das
Wort in Komposita wie: **Mega-City** oder **Mega-Tsunami**. Etwas anmaßend nennen sich aber auch Radiosender oder Einkaufscenter so. Und
wer die eher kleinen, stuffigen Modelle der französischen Automarke
Aixam-Mega, sieht, muss eher lächeln. Weniger amüsant sind die Ver-
sammlungen in den Mega-Churches (evangelikale Kirchen) in den USA,
die Raum für mehr als 2000 entfesselte Gläubige bieten.

Für den deutschen Alltag „erfunden", oder zumindest durch exzessiven
Gebrauch verbreitet und mit extrem breitem eee und langem aaa ver-
sehen, hat es wohl Dieter Bohlen.

Es wird überwiegend als Adjektiv benutzt, als Ersatz für großartig,
phantastisch, spektakulär, unglaublich gut und so weiter. Alles ist jetzt
nur noch „**mega**". Unfassbar, wie viele Worte dadurch hinten runter
fallen und in Vergessenheit geraten.

2009 singt der Trashkünstler Alexander Marcus:

„Das ist MEGA

Eine Million mal sehr geil

Sensationell, einfach spitze

Alles stimmt, wir sind frei"

Er erreichte damit tatsächlich 30 Millionen Klicks auf YouTube.

Zehn Jahre später, im Februar 2019, ist die seriöse Frankfurter Rundschau fast genauso begeistert: "**Das Wetter ist einfach mega**". (fr.

<u>de</u>) Sollte mit **mega** eine wärmende Sonne gemeint sein, wäre dies für einen Wintermonat tatsächlich sehr erfreulich. Mittlerweile sind es nicht nur „B-Promis", YouTuber, Modelanwärterinnen bei Heidi Klum oder Jungmoderatoren, die ihren Enthusiasmus auf diese zwei Silben eindampfen. **Mega** bleibt auch an etwas seriöseren Protagonisten kleben, wie Sportreporter oder Wirtschaftsberater.

Es ist natürlich die Werbung, die sich diesen Superlativ nicht entgehen lässt. Auf Facebook wirbt „Beyond Beer" für seine drei „superfrischen Biere von Superflux aus Vancouver" mit: **„Das ist nicht nur super, das ist mega!"**

Genauso „einfallsreich" lobt die Firma Vitaquell ihre pflanzlichen Fette: **„Das ist mega: Neue palmölfreie Margarinen von Vitaquell".**

Ein Online-Shop bietet: **„Mega meatless Burger"** an. Vegetarisches muss eben forciert angeboten werden, damit alle Konsumenten **„mega happy"** sind.

Mega gibt's aber auch als Substantivkomposita. Auf TVmovie ausnahmsweise mal in einem negativen Kontext: **„GZSZ: Mega-Streit wegen Alex´Tod entflammt"** (8.8.2021) Da rückt das „Superwort" von der Begeisterung ins Unangenehme.

Erst recht, wenn Dirk Spaniel (AfD) auf der Seite des <u>deutschland-kurier.de</u> im Januar 2021 vom **„Mega-Lockdown"** spricht oder der Niederländer Ullrich Mies (!) sein neues Buch **„Mega-Manipulation. Ideologische Konditionierung in der Fassadendemokratie"** herausbringt. Vielleicht sollte er zur Besänftigung seiner miesen Laune ein **Mega-Los** der Deutschen Fernsehlotterie kaufen.

Oft taucht das Wort als Partikel oder Adverb auf und ist dann eine Steigerung von „sehr" oder „besonders" und fast immer ein Lob, etwas Positives. So zitieren die Freiburger Nachrichten mit **"Das ist mega viel Geld für uns"** den Tonverein Bad Bonn, der von einer Schweizer Stiftung 40.000 Franken erhalten hat.

Auch die Serie „Game of Thrones" wird von Kritikern für **„mega angesagt"** oder **„mega erfolgreich"** erklärt. Bisher unbekannte Schauspieler sind dadurch zu **Megastars** geworden.

Der Titel eines Comic-Romans für Kinder ab 7 nutzt das Wort eher nölig: „**Mega dumm gelaufen**". Auch eine Gamer-Gemeinde beschwert sich darüber, dass „Battlefield 1 Beta" **mega unfair** sei. Der Rennfahrer Nico Rosberg findet seinen 2. Platz hinter Lewis Hamilton 2014 im Circuit of the Americans „**...mega enttäuschend**" (rtl.de)

Der Biathlet Lesser bedauert die durch Corona bedingte Quarantäne des Radprofis Geschke bei den Olympischen Spielen 2021 gar mit den deftigen Worten: „**Das ist mega beschissen**". Und ein Journalist von tag24.de empört sich über eine von der Polizei erwischte Frau mit: „**Das ist mega dreist – So will sich eine Diebin Pfandgeld ergaunern**". (4.8.2021)

Da könnte man sich ganz andere **mega dreiste** Gesetzesbrecher vorstellen.

Auf Platz zwei der beliebtesten Ausbrüche von Begeisterung steht wahrscheinlich der **Hammer.** Obwohl älteren Ursprungs erfreut er sich äußerster Beliebtheit – kein Wunder, bei dem Heimwerkerboom der letzten Jahre.

Rein physisch gemeint ist wohl der Film „**Der Hammer**" über die Wrestling – Bolzereien von Hulk Hogan. Genauso wie der „Xtreme Pre-Workout Booster" „**Der Hammer – 750 Gramm – Zitrus-Ananas**", der den Muskelaufbau fördert und jede Menge Koffein enthält.

Seine Blüte erreicht der **Hammer** aber natürlich als Redewendung, um Phantastisches, Unerwartetes zu feiern. Der Ausruf „**Hammer!**" ist da noch die schlichteste Form emotionaler Entäußerung. Oder als: „**Einfach nur Hammer**"!

Ein Geschehen kann auch mit „**Das ist der Hammer**" kommentiert werden. Das spart Zeit im Gespräch und für die Schreibenden reduziert es Rechtschreibprobleme bei Worten wie: überwältigend, beeindruckend, überraschend etc. In den sogenannten „Sozialen Netzwerken" und allen Massenmedien ist der **Hammer** ebenso präsent wie unter Freunden im Alltag.

Die „Wise Guys", eine musikalisch schlichte Deutsch-Pop Band, erzählen auf ihrer LP „Klassenfahrt" mit: **Das ist der Hammer**" von wunderbaren Jugenderlebnissen. Das Lebenshilfe-Buch einer gewissen Jen Sincero suggeriert mit **Du bist der Hammer**" (Originaltitel: „You are a badass"(!)), dass jeder Mensch absolut großartig sein kann, wenn er nur will und das Buch gelesen hat.

Ein sogenanntes „Dankeschön-Buch" mit dem Titel:"**Für mich bist du der Hammer**" hilft dabei, „nette Komplimente für deine Lieben" zu finden. Eine grammatische Variante wäre „**Du bist Hammer**". In beiden Fällen kann sich der oder die Angesprochene aussuchen, welche seiner/ihrer Eigenschaften damit gemeint sein könnte.

Die Agentur Regionalmarketing auf der Seite des Vereins „Wirtschaft für Südwestfalen" schleimt sich mit respektvollem Siezen und mit „**Sie sind der Hammer**" bei ihren Kunden ein und scheint damit deren Konsumverhalten zu loben.

Der Werbespruch „**Das Gel ist der Hammer**" für das CBD Gel Rubaxx zielt vor allem auf Senioren mit Gelenkproblemen.

Ob es nun der **Hammer schlechthin, einfach der Hammer, der absolute Hammer, der Oberhammer** oder **echt der Hammer** ist, macht keinen großen Unterschied.

Mit: „**Das ist hammer**", verwandelt sich das Substantiv in ein Adverb und was das dann genau heißt, bleibt der Phantasie der Hörer/Leser überlassen.

Manchmal taucht ein Kompositum auf, wie **hammergeil** oder **hammermäßig**. Offenbar sind die Nutzer von **Hammer** so hingerissen von etwas, so voller Freude, dass es sie fast erschlägt. Wie schön, wenn Menschen so tief empfinden...

In der Drastik wird der **Hammer** nur noch vom **Mörder** übertroffen. Der braucht jedoch immer ein weiteres Substantiv, um nicht missverstanden zu werden. So gibt es die **Mörderfrisur**, die **Mörderfigur** oder auch die **Mörderschuhe**, das **Mördertop**. Mit dieser Bewertung von Ästhetik wird das Hinreißende, Ungewöhnliche, erotisch Anziehende betont. Dafür lässt man dann schon mal die „Kreditkarte glühen". Übrigens, „Me mata", sagt ein Spanier schon mal über eine Frau, die ihn (umbringt) „umhaut".

Die **Mordsgaudi** oder das **Mordsspektakel** hingegen sind witzig. Sie haben ihre Tradition und sind starke Bilder, genauso wie die **Mordshitze** oder der **Mordskerl**. Das Oktoberfest wäre ein geeigneter Schauplatz dafür.

Genauso martialisch kommt die **Bombe** daher. In einem vollständigen Satz bemerken manche Erziehungsberechtigte auch heute noch, dass das Kinderzimmer aussieht, als hätte eine **Bombe eingeschlagen**. Wir reden von **Eisbomben, Sexbomben** (natürlich sexistisch!) und von **Arschbomben**, ohne dabei an schreckliche Kriegssituationen zu denken.

Dass jemand **„eine Bombe kriegt"** (er wird rot vor Scham) wurde so eher in den 6oer bis 7oer Jahren kommentiert. Heute **schlägt** in diversen Ressorts der Presse eine Nachricht **ein wie eine Bombe** oder jemand lässt irgendwo eine **Bombe platzen**.

Und während Menschen über 80 sich noch an manche **Bombenstimmung,** ein **Bombenwetter** oder gar ein **Bombengeschäft** erinnern, gibt es die Bombe heute zumeist ohne Zusatz. Aus dem antiquierten: **„Das ist bombig"** wurde: **„Das ist Bombe"**, die **Bombe** wird also adjektivisch gebraucht. Im Spanischen ist das ähnlich: **„Lo pasamos bomba en la piscina"** (Wir haben mächtig viel Spaß im Pool).

Als Verb wird sie zur Drohung: **„Ich bomb dich"** sagen männliche Jugendliche, denen offenbar andere sprachliche Möglichkeiten der Konfliktlösung fehlen. Davon abgesehen ist die **Bombe** aber fast immer ein Ausdruck von Begeisterung und noch kein Gegenstand der Ächtung durch Political Correctness geworden, obwohl die Übertragung einer zerstörenden Explosion auf eine tolle Stimmung doch bedenklich ist.

Der **Burner** bringt das Element des Feurigen in die Lobeshymnen. Mit diesem Wort verbreitet Carmen Geiss, die chirurgisch optimierte Ehefrau und Mutter einer proletarischen Millionärsfamilie ihre Begeisterung über Schuhe und Yachten über RTL2 in ganz Deutschland.

Den **Burner** kann man nur als Substantiv gebrauchen. „**Das ist der Burner**", ist als „ultimatives" Lob zu verstehen. Es ist eigentlich ein englisches Wort (für ein Heizelement) oder ein Mittel zur Fettverbrennung („**Fat Burner**") und hat nur im Deutschen die Bedeutung von großartig, phantastisch. Wie der **Hammer** ist auch der **Burner** leicht zu steigern mit: „**Das ist der absolute Burner**" oder „**Der Oberburner**". **Der Burner schlechthin, echt der Burner** sind weitere Varianten.

Viel sanfter kommen andere Huldigungen daher. Wer davon spricht, dass etwas ein **Träumchen** sei, will sich als besonders sensibler Kenner zeigen. Mehrfach gehört bei „Bares für Rares" von dem servilen Horst Lichter. Die übliche Verbreitungswelle wird damit losgetreten. Rein sprachlich ist es lediglich eine Verniedlichung oder Verkleinerung des **Traumes** – ob nächtlich oder als Tagtraum. Der Traum im Diminutiv steigert eine Wunschvorstellung: Das **Träumchen** (im Sinne von traumhaft schön, erfreulich, erstrebenswert) hat sich als Ausdruck maximaler Schwärmerei durchgesetzt.

Und nun ist Trier genauso ein **Träumchen** wie Quarkplätzchen und Wendebettwäsche. Das Wetter kann ein **Träumchen** sein und es ist steht eingraviert auf einem Kölschglas. Der Aldiana Club Calabria von TUI, das Freibad von Sigmaringen und natürlich der Tesla 3P sind allesamt **Träumchen**. Die „Wiesbadener Phantoms" (American Football) nennen ihren, vermutlich martialisch ausgestatteten Kraftraum so, weil sie von Erfolgen träumen. Ganz anders dagegen dürfte die Begegnungsstätte für geschlechtliche Vielfalt, die die Aidshilfe Kassel anbietet, aussehen: „**T*räumchen Kassel – Raum für junge Queers**". („Ein wichtiges Anliegen der Gruppe ist der sensibele (!) Umgang mit Sprache")

Auf der Webseite „**Niela´s Träumchen**" kann man sich Schnittmuster von Größe 32-54 herunterladen und der Panda „Meng Meng" im Berliner Zoo heißt übersetzt **Träumchen**.

Studenten bieten ein Zimmer in einer 5-er WG im Leipziger Osten als **Träumchen** an und im Netz werden jede Menge Ferienwohnungen so angepriesen. Hoffentlich sehen die besser aus als das neue (karge) Multifunktionsgebäude, das der Bürgermeister von Elze lobt: „**Neue Wülfinger Ortsmitte – ein Träumchen**".

Klar, dass auch der 3:0 Sieg des FC Bayerns gegen Chelsea (2/2020) **„ein Träumchen"** war.

Wer allerdings glaubt, dieses **Träumen** sei ein Zeichen für eine Wiederkehr der deutschen Romantik, liegt falsch. Es geht vor allem um Begehrlichkeiten, ums Anpreisen und Verkaufen, um Werbung aller Art. Der verniedlichte **Traum** zielt auf das, was man gerne hätte, auf maximalen Genuss beim Essen und Wohnen oder auf einen sportlichen Erfolg.

„Jedes Schäumchen ein Träumchen", dichtet „Befootec" anlässlich der Tipps für ihre Barista Edition.

Andersrum passt es besser: All diese **Träumchen** sind **Schäumchen**.

Zarte Gemüter finden so Manches **zum Niederknien.**

Das Buch von Hatje und Crantz: **Altäre – Kunst zum Niederknien** bleibt noch authentisch bei der ursprünglichen Wortbedeutung, der Anbetung.

In einem Artikel der HNA zum Kasseler Weihnachtsmarkt 2019 sind Stollen und Glühwein **zum Niederknien.** Damit werden Industriegebäck und gepanschter Alkohol zum Objekt einer – historisch gesehen – Unterwerfungsgeste religiöser oder säkularer Art. Die Demut, die das **Niederknien** impliziert, ist hier albern und unangebracht.

Immerhin wird das **Niederknien** ganz oft für künstlerisch anspruchsvolle Darbietungen gebraucht. Das Mario Mammone Trio präsentierte **„Zum Niederknien schöne alte Liebeslieder".** *(Siegener Zeitung)*

Genauso tief empfindend **niederkniend** lobt die Passauer Neue Presse die Geistliche Kammermusik in der Stadtpfarrkirche Zwiesel. Und auch die Bach-Interpretation des Organisten M. Lücker aus Halle (WB) fordert so zur Anbetung auf. Aber nicht nur klassische Musik wird derart bewundert.

Besonders innig wird es beim MDR, der uns die Holländerin Davina Michelle mit **„Eine Stimme zum Niederknien"** empfiehlt, denn sie „will auch deutsche Herzen berühren". Die Huldigung gilt hier dem Trivialen. Anspruchsvoll sei das neue Album „Reckless Heart" der Sängerin J.S. Taylor: **„Lebenstiefe zum Niederknien"** schwärmt die OVB Heimatzeitung. In allen Fällen dürfte der Hörgenuss, für den, der es gerne wörtlich nimmt, etwas unbequem werden.

Die Musik ist jedoch nur ein Teil der demütigen Bewunderung. Die meisten Kniefälle gibt es bei allem, was man bei der Rezeptsuche im Internet finden kann.

Das kann „Zander mit Knuspergemüse" sein oder „Miesmuscheln mit Knoblauch und Käse". Vegetarier knien nieder vor einem Kohlrabigericht und auch ein gut gemachter Kaiserschmarren verlangt nach der Unterwerfungsgeste.

Natürlich sind auch Technik und Sport mit dabei.

Männer knien nieder, wenn es um den Motorensound des Audi R8 Plus geht oder um „Das neue BMW 2er Coupe" das natürlich: „...**zum Niederknien aussieht**" (Motorsport-Total vom 9.7.2021) Offenbarungen dieser Art kann nur noch der Fußball toppen, wenn es beim Spiel gegen Frankfurt heißt: **„Wolfsburgs 2:1 – Sieg zum Niederknien".**

Manch rustikaler Bursche kniet, wenn er meint, romantisch sein zu müssen, um der Angebeteten einen Antrag zu machen – mit obligatorisch nach oben zu präsentierendem Ring. Kompensieren kann er diese vermutlich einmalige Unterordnung nur mit dem Kauf des Männer-T-Shirts mit dem Aufdruck: **„Bitte nicht die Hand geben. Niederknien reicht."** Etwas als **„vom Feinsten"** zu bewerten, setzt die Lobhudelei fort. So feiert der Sprecher seinen gehobenen Lebensstil, seine Genussfähigkeit. Er betont seinen Anspruch und sein Recht auf den Konsum von teuren, erlesenen Dingen.

So war dann der Urlaub auf Malle **mega**, die Finca der **Oberburner** und das Essen **vom Feinsten**. Die Toscana ist sowieso **zum Niederknien** und der Lemoncello dort ein **Träumchen**.

Vor allem die Privaten Fernsehsender befeuern die Verbreitung dieser Mega-Sprache, indem sie Prominenten von zweifelhafter Provenienz zunehmend Raum geben für ihre egomanische Selbstdarstellung. (Der Bachelor, Promis unter Palmen, Big Brother etc.) Die finden alles **mega** oder **hammer** und geben vor, ihr ganzes Leben sei <u>**der**</u> **Burner**. Der klügere Zuschauer sieht gar nicht erst hin oder stellt befremdet fest, wie rasant die Wirklichkeitsferne dieser Reality-Formate und die Peinlichkeit ihrer Protagonisten ansteigt.

Deren Superlative zeugen von Exaltiertheit, Extravertiertheit, bei der das Grellste und Schrillste hochgejubelt wird, so als bestünde das Leben aus Guinness Rekorden.

Der weniger Kluge möchte auch so sein und bemerkt kaum, wie äußerlich und banal dies alles ist.

Oder muss man angesichts der Verbreitung der „Mega-Sprache" in allen Schichten und Altersgruppen doch fragen: Sind die Deutschen emotionaler und begeisterungsfähiger geworden? Oder zumindest diejenigen, die diese Wörter benutzen? Denn es sind leider nicht nur die Dummen oder die Angeber, die so reden. Hat uns etwa die Diversität der Zuwanderung mental verändert, emotionaler gemacht?

Oder sind es doch wieder mal die Medien, die sich gegenseitig überbieten wollen und so die Alltagssprache prägen?

Die „Celebrities" und sonstigen Trendsetter zeigen sich auf „Insta" vor spektakulärer Kulisse und platzend vor Glück. Das findet Nachahmer, man will schließlich kein „Loser" sein.

Angesichts der Perfektion von Menschen, Orten, Häusern und Autos – die als Teil eines Luxuslebens vorgeführt werden – bleibt dem ambitionierten Normal – bis Geringverdiener dann nur, den eigenen Alltag mit dem Mega-Vokabular aufzubretzeln.

So stünde hinter all diesen Superlativen nicht nur Dekadenz, sondern auch Frustration und Entfremdung, Kälte und Leere.

Vielleicht schaffen sie sich auch selbst ab, schließlich werden sie schwächer, je exzessiver sie gebraucht werden.

Für die, die echtes Gefühl und wirkliche Begeisterung ausdrücken möchten, gibt es viele andere schöne Wörter.

Metaphernflut

Anschauliche Sprache ist einprägsam, sie kann amüsant sein und eine Bereicherung. In der Literatur können Metaphern wahre Sprachwunder sein und auch der Alltag wird lebendiger durch bildhafte Wendungen.

Leider gibt es aber Metaphern, die gerne und oft – zu oft – benutzt werden. Irgendwann sind sie abgedroschene Worthülsen, ihre Bilder sind ausgelaugt und werden inhaltsleer.

In einem Kommentar in der HNA vom 8.10.2020 zum Thema Klimaschutz schafft es die Autorin in einem relativ kurzen Text ganze acht Metaphern unterzubringen, um nicht zu sagen „reinzuwürgen".

Die da wären:

- Stachel im Fleisch
- Geld in die Hand nehmen
- Keine Etappenziele feiern
- Ein Schritt in die richtige Richtung
- Räder zurückdrehen
- Sektkorken knallen lassen
- Auf Erfolge nicht anstoßen
- Der Berg an Aufgaben ist groß

Vieles davon ist „Politikersprech", wo es gilt, keine allzu verbindlichen Aussagen zu treffen und sich mit bildhaften Formulierungen entweder interessant und wichtig zu machen, oder sich einfach nur volkstümlich zu geben. Und was Politiker so sagen, kann für einen Journalisten nicht verkehrt sein.

Die meisten dieser unsäglichen, oft reproduzierten Metaphern sind wenig erhellend oder gar widerlich wie das Bild eines **Stachels im Fleisch.** Was **knallende Korken** oder das **Anstoßen** betrifft – sich über Erfolge zu freuen, muss nicht mit Alkoholgenuss assoziiert werden. Außerdem, wer trinkt eigentlich noch **Sekt?** Die Information darüber, dass jemand „**Geld in die Hand nehmen**" wird, klingt kindlich-naiv und lässt seriöse Details zu Finanzierungsmaßnahmen außen vor. Vielleicht wird er deshalb so oft gebraucht.

Hier, wie auch anderswo, wird gerne – in selbstzufriedenem und gönnerhaftem Ton – von einem **Schritt in die richtige Richtung** gesprochen. Präzise Details auf diesem Weg wird man zumeist vermissen. Überspringen wir die Etappen, Räder und Berge. Das sind „weite Felder"...

Sind es **Problemfelder**, dann gilt es, diese zu **beackern**.

Muss die Erörterung von politisch oder gesellschaftlich komplexen Themen unbedingt mit landwirtschaftlicher Arbeit gleichgesetzt werden? Was bringt das, außer, dass der eitle Sprecher sich als gründlicher, fleißiger Mensch darstellen möchte, der sich mit aller Kraft, erschöpftem Blick und Schweißperlen auf der Stirn in Komitees abgemüht hat.

Politiker **schnüren** auch gerne **Pakete**. Das soll wohl zupackende Effektivität und großzügige Geschenke suggerieren – auch wenn das Paket nur 25,- Euro mehr Kindergeld pro Monat enthält. Formuliert es doch anders! Denn schließlich arbeitet ihr nicht bei Amazon – und außerdem werden Pakete schon lange nicht mehr **geschnürt**, sondern mit Klebeband verschlossen. Und Vorsicht, die Annahme von **Paketen** kann auch verweigert werden. Oder, angeblich beim Nachbarn abgegeben, irgendwie verschwinden.

Die **Paketschnürer** haben auch was für **Töpfe** übrig. Klar, man sollte nicht alle oder alles in einen **Topf werfen**, seine Nase nicht in **alle Töpfe** stecken oder sich über die **Töpfe** lustig machen, die sehnsüchtig auf ihren Deckel warten. Letzteres ist zwar sexistisch, weil klar ist, wer hier Topf und wer Deckel ist. Aber sonst sind diese Topf-Bilder anschaulich und witzig.

Die Töpfe, in denen sich Gelder befinden, sind es weniger. Der historische Begriff des **Geldtopfes**, der auch schon mal vergraben wurde, ist unzeitgemäß, klingt ländlich-bieder und fast vulgär. Zumal das Sitzen auf dem Topf irgendwie mitschwingt.

Mit klaren Worten empfiehlt ein Rentenberater: „Einfach Vermögen aufbauen mit dem **4-Töpfe Prinzip**". Eine Firma für Kapitalanlagen empfiehlt: „Finanzplanung mit dem **3-Töpfe- Modell**" und der Focus versichert: „So sparen Sie mit der **Fünf-Töpfe-Strategie** richtig". Ob nun 3, 4 oder **5 Töpfe**, zunächst klingt das einfach. Was es im Detail heißt, muss der Kunde dann doch mühsam herausfinden. Wissen die Bürger bei all den **Töpfen** eigentlich, wo und bei wem sich welches Geld befindet? Es könnte Absicht sein, die Leute diesbezüglich im Unklaren zu lassen.

Jedenfalls klingt diese Metapher weder professionell noch seriös. Und doch ist sie salonfähig, wird für „finanzielle Ressourcen" aller Art eingesetzt. Der Kassierer des Fußballvereins spricht davon, genauso wie der Finanzminister. Eigentlich handelt es sich um ein **Budget**, das aus Einnahmen und Ausgaben besteht, also um einen betriebswirtschaftlichen Begriff. Hält man das – aus dem Französischen kommende – Wort für zu schwierig für die Bürger? Müssen die wieder mal abgeholt werden, weil sie nicht auf **Augenhöhe** sind? Oder weiß vielleicht sowieso jeder, dass ein **Topf** etwas mit dem komplexen Haushalt zu tun hat? Gibt es keine anderen Worte für: **Steuertopf, Schuldentopf, Corona-Hilfstopf, Ausgleichstopf?**

Dann wäre da noch das **Stadtsäckel**, das mittelalterliche Herrschaftsformen evoziert. Es scheint die urbane Sonderform eines **Topfes** zu sein. Wirtschaftlicher Erfolg spült dann das Geld in die Säckel. Wer **spült** denn da? Und doch wohl nur Münzen – Papier wird ja aufgeweicht. Jedenfalls wird das Ergebnis, vielleicht einer Steuererhöhung, mit einem Naturereignis oder gar einer Reinigungsaktion assoziiert.

Und wie ist es mit den **Hausaufgaben?**

Immer mal wieder ermahnen Journalisten die „Leistungsträger" der Gesellschaft, ihre **Hausaufgaben** zu machen. Oppositionspolitiker fordern die Regierung dazu auf und umgekehrt. Damit werden Versäumnisse angemahnt, klare Positionen gefordert, verschleppte Aktionen und fehlende Entscheidungen gerügt. Der politische Gegner wird getadelt wie ein Schulkind, während der, der die **Hausaufgaben** einfordert, sich in der Rolle des Lehrenden oder Belehrenden sieht.

Der das alles natürlich viel besser machen würde, wenn er denn an der Macht wäre. Daher ist die Metapher im Wahlkampf besonders beliebt.

„Der Finanzminister soll erst mal seine Hausaufgaben machen" ist schlicht und trägt doch wenig bei zum Verständnis von politischen Prozessen und bleibt zu allgemein, als dass man sich darunter etwas vorstellen könnte.

Aber auch Hinz:in und Kunz:in streuen gern mal was Bildhaftes ins Gespräch ein.

„Das ist mal 'ne Hausnummer!" heißt es, wenn etwas teuer, viel oder groß ist. Wer hat sich das bloß ausgedacht? Es macht doch keinen Sinn, denn die Hausnummern in Deutschland sind eher niedrig. Nie sind die Straßen so lang sind wie zum Beispiel in Buenos Aires. Da windet sich die Avenida Rivadavia 36 km durch die Viertel und man landet schon mal bei der Hausnummer 21568.

Aufschlussreicher wäre also, man würde – je nachdem – von einem unangemessenen, hohen Preis sprechen. Oder von hunderten von Ziegeln, die aufs Dach müssen und so weiter. Es gäbe viele Alternativen. Da müsste man allerdings nachdenken und das ist mühsam oder lästig.

Die Häufigkeit des plumpen Ratschlags „**Mach dir keinen Kopf!**" spricht dafür. Und mit „**Da mach ich mir keinen Kopf**" entscheidet sich der Sprecher dafür, den Dingen aus dem Weg zu gehen, etwas zu verweigern oder schlichtweg seine Unlust auszudrücken. Nur nichts Kompliziertes oder Anstrengendes!

Mit Passivität und Gleichmut als neuen Tugenden **lässt** man alles **auf sich zukommen**.

Eher selten wird dazu geraten, „**sich selbst einen Kopf zu machen**". Viele der Angesprochenen, die offensichtlich keinen Kopf haben, **machen** sich leider auch nach Aufforderung keinen.

So sind Metaphern zwar anschaulich, aber oft unerträglich. Man findet sie in der **Personifikation** von Dingen. Im Hafen angekommene Kreuzfahrtschiffe **spucken** die Touristen **aus**. Kaum jemand nennt es noch

Ausschiffung oder Landgang der Passagiere. Vermutlich finden die, die so etwas sagen, Kreuzfahrttourismus bewusst oder unbewusst zum **Ausspucken**, respektive zum Kotzen.

Oft produziert auch die enge Bindung des Menschen an seine sogenannten mobilen Endgeräte alberne Personifizierungen.

Mit diesem Phänomen haben sich schon einige Autoren beschäftigt. Von Ulrich Schmitz gibt es das Buch: „Maschinelle Operationen als menschliche Handlungen – Vom Sprechen über Computer und mit ihnen". Seine Erklärung für diese Personifizierungen ist, dass der Mensch dazu neige: „Neuartiges auf psychologisch einfache und sprachlich ökonomische Weise mit hergebrachten sprachlichen Mitteln zu formulieren". Das trifft sicher auf die Begriffe: Netz, Maus und Papierkorb zu. Dagegen ist nichts zu sagen. Leider will manch einer oder eine witzig sein und **hängt** sein/ihr **Handy an den Tropf**. Dass „**Haiti ...am Tropf der Entwicklungshilfe hängt**" ist weniger komisch, passt aber zur Metaphern-Sucht in der Presse.

Nach dem Neustart **erwacht** ein „störrischer" Rechner (!) **zu neuem Leben** und **streikende** Scanner geben **ihren Geist auf**. Bis heute gibt es Frauen, die ihren Autos (zumeist männliche) Namen geben. Durch diese wenig emanzipierte persönliche „Beziehung" beschwören sie vielleicht technische Zuverlässigkeit. Die Autoliebe von Männern äußert sich eher darin, dass sie die Beine von Frauen manchmal als **Fahrgestell** bezeichnen. Das (nicht upgedatete) Navigationsgerät beleidigen sie persönlich („Elise, du dumme Kuh, rechts ist doch gesperrt!") und lassen damit ihrem Unmut über Frauen, die meinen, alles besser zu wissen, ihren Lauf. Aus ähnlichen Gründen wählen Frauen eher die Männerstimme aus.

Die Anwendung von technischen Begriffen auf die eigene Person ist die umgekehrte Variante von Metaphern.

Ein Kunst- und Philosophie-Student, der im Münchener Haus der Kunst durch eine Ausstellung führt, sagte tatsächlich: „**Wir navigieren jetzt in den nächsten Raum.**" Warum kann man nicht einfach **gehen**? Es war auch ganz einfach, die Durchgänge sind deutlich zu erkennen.

Wenn es schließlich heißt „**Mein Akku ist leer**", so ist das nicht originell, sondern dämlich. Bei Erschöpfung **abzuschalten** oder **aufzutanken** ist da auch nicht besser.

Der Mensch macht sich zum Ding, zum technischen Objekt.

Er bedauert, dass er etwas **nicht auf dem Schirm** hatte und vergisst oder weiß nicht, dass das von den Beobachtungsmonitoren der Fluglotsen abgeleitet ist.

Wenn er es gar **verpeilt** hat, den Geburtstag seiner Mutter **abzuspeichern**, funktioniert offenbar seine **Festplatte** nicht mehr so richtig oder ist schlichtweg **voll**.

Alles in allem ist zu befürchten, dass diese **abgedroschenen** Phrasen längerfristig bleiben werden, sofern sie nicht mit dem Fortschreiten der Informationstechnik durch neue ersetzt oder ergänzt werden.

Mucke, Tanke, Putze

Denk-, Maul- und Schreibfaulheit manifestiert sich auf die verschiedenste Weise. Dazu gehört die Verkürzung von Wörtern. Hängt ein e am Ende des Wortstummels, klingt das oft vulgär und despektierlich.

Wer sagt schon **Tanke** statt Tankstelle! Doch nur der, der sich um 23.45 Uhr unbedingt noch überteuertes Bier und Zigaretten dort holen muss und es sich eigentlich nicht leisten kann. Bildungsferne Schichten oder feierwütige Berufsschüler machen die **Tanke** zu einem Ort des billigen „Vor- oder Nachglühens".

Tankstelle klingt fast fein oder elitär – das ist man nicht und will es auch nicht sein – und so wird sie mit **Tanke** auf Augenhöhe abgesenkt. Passt auch besser zu diesem „Unort" des geselligen Beisammenseins.

Doch Vorsicht, auch von seriöser Seite wird es platt. Die HNA präsentiert sich mit der Schlagzeile „**Wahlkampf an der Tanke**" (9.9.2021) vereint mit den Liebhabern grob-salopper Sprache. Selbst im STERN ist die Tankstelle schon so genannt worden. So wundert es nicht, dass dort, wo der Unort zum Salon geworden ist, auch sein Name salonfähig wird.

Wer **Mucke** oder gar **geile Mucke** statt Musik sagt, ist ein hoffnungsloser Fall. Einerseits, weil er „seiner Zeit", die mindestens 40 Jahre zurück liegt, noch nachtrauert. Andererseits, weil er damals schon so Unerträgliches wie Creedance Clearwater Revival, Pur oder Blondie gehört hat. Frauen sagen **Mucke** genauso wenig wie alle, die wirklich gute Musik hören. Offenbar halten gewisse Männer den Begriff für sehr männlich, sich selbst für Kenner und für „mega entspannt". So spricht einer, der sich für eine „coole Socke" hält, weil er früher wild und unkoordiniert rudernd getanzt und dabei Bourbon-Cola getrunken hat. Und vielleicht war er sogar mal bei einem AC/DC-Konzert in einer weiter entfernten Stadt. Ein gealterter Provinzheini mit plattem Hintern in der Lidl-Jeans und Vokuhila-Flusen, der mit **seiner Mucke** unter Gleichgesinnten was gelten möchte. Das kann einem fast Leid tun. Aber er ist nicht der einzige. Ob bildungsfern oder nah – das Wort ist fast so akzeptiert wie die **Tanke**.

In der Provinz scheut man es schon gar nicht. „**Mucke auf dem See**" wird eine Schlagerveranstaltung im Fehmarnschen Tageblatt im Sommer 2021 angekündigt. Das kann nicht wirklich gut sein. Übrigens, in Bregenz ist es natürlich: „**Musik auf dem See**", weil qualitativ höher.

In der Musikschule von Salzuflen hoffen die „best age" Pädagogen mit den Videos ihres „Mucke.TV" gar auf eine Auszeichnung. Vielleicht meinen sie das Wort ja ironisch. So wie die Cover Band „**Miss Millers Mucke**", die ein Konzert im Blumberger Panoramabad gibt, ihren Namen. Für manche Musiker ist **Mugge/Mucke** ein Jargon-Begriff, ein Äquivalent zum „Gig". Der Duden meint, es käme vom englischen „muck", was soviel wie Dreck oder Drecksarbeit heißt. Im 18. Jahrhundert stand „mucken" für das Spiel der Bettelmusikanten. Das klang wahrscheinlich besser als die heutige **Mucke**, die mir jedenfalls keinen Cent wert ist.

Richtig unangenehm hingegen sind alle, die ihre oder die Putzfrau anderer Leute **Putze** nennen. Das soll locker oder vielleicht sogar nett klingen, ist aber ganz klar despektierlich. „**Meine Putze**" wäre dann Angeberei im Sinne von – ich kann mir einen Dienstboten leisten – Drecksarbeit ist nichts für mich – oder ähnlich. Die Betonung auf „**meine**" dient der eigenen Aufwertung. Sie legt nahe, die Person stünde exklusiv zur Verfügung.

Das Possessiv-Pronomen entlarvt den Kleinbürger, der im Grunde gerne Gutsherr mit Leibeigenen wäre.

Jemand, der tatsächlich von klein auf an häusliches Personal gewohnt ist, würde nie so respektlos reden – es sei denn, er sei eh etwas vulgär.

Aber eigentlich ist es verpönt, so zu sprechen. Zumal das Wort „**Putzfrau**" schon lange als diskriminierend empfunden wird. Auf der Suche nach Ersatz wird herumgeeiert. „Zugehfrau" ist hoffnungslos veraltet und wie die „**Putzfrau**" nicht gendergerecht. Obwohl auch kräftige Männer die Fenster und Bäder reinigen, klingt **Putzkraft** seltsam. Die Geringschätzung von körperlicher Arbeit im Haushalt, verbunden mit dem schlechten Gewissen derer, die dies selbst nicht machen wollen, führt dann zur euphemistischen „Raumpfleger/in" und zur politisch korrekten „Putzhilfe". Auch wenn die nicht *hilft*, sondern alles alleine macht. „Putzfee gesucht" ist ein weiterer, bemühter Versuch eine angemessene Bezeichnung zu finden. Und so ist der Deutsche mit Reinigungspersonal etwas hilflos, wenn er davon erzählen will. Am besten hält er also die Klappe. Immerhin, in den Medien taucht das Wort „**Putze**" zum Glück überhaupt nicht mehr auf.

Nebenbei – wer in einem gewissen Tonfall „mein Anwalt" sagt – gehört genauso zur Kategorie der „Aufgeblähten". Unter denen gibt es leider Menschen, deren wirtschaftliche Macht dergestalt ist, dass „Sie hören von meinen Anwälten" eine ernstzunehmende Drohung ist.

Noch drei e-Endungen zum Schluss.

Etwas **für Umme** zu erhalten, klingt blöd, tritt aber zum Glück eher regional auf. Es kommt von dem lustig klingenden **ummesunscht** (umsonst, gratis) der pfälzischen Mundart, verliert aber leider durch die Verkürzung mit angehängtem **e** seinen Charme.

„**Für umme**" heißt auch eine deutsche Webserie von 2020, in der ein arbeitsloser Schauspieler versucht, sich über Wasser zu halten. Das soll amüsant sein und ist es vielleicht sogar.

Gar nicht lustig, sondern **Panne** findet es eine Frau, wenn man ihre Haarpracht als **Frise** abqualifiziert. Mit „Extensions" wäre es dann eine **Fake-Frise**. Das betrifft auch Männer mit „Toupet", vordem „Fifi" oder „Pudel" genannt.

Must-have

Ein Anglizismus mehr, der sich bei uns breitgemacht hat und besonders nervt. Er lässt tief blicken in die Abgründe der Konsumwelt. Würde man ihn übersetzt gebrauchen mit „muss haben", klänge er ausgesprochen infantil. Womit allerdings deutlich würde, zu welcher Entwicklungsstufe der Ausspruch eigentlich gehört. Die, die Must-have benutzen, wissen das nicht. Und von Erich Fromms „Haben oder Sein" haben sie auch noch nichts gehört.

Vollständig lauten müsste es: „**You must have this**". Ein eindeutiger Befehl an alle, die sich angesprochen fühlen. Und wer so spricht, ist, auch wenn es nicht so aussieht, ein Verkäufer. Er meint einen konkreten Gegenstand, den man kaufen kann und sollte. Denn durch das weggelassene Personalpronomen entsteht ein Substantiv, ein Ding, ein **Must-have**. Also eigentlich hieße es „**This is a must have**", respektive: „**Das ist ein Must-have**". Das kann die neue Smartphone-Hülle sein, die Tasche von Prada, oder der schwarze Striplack.

Im englischen Sprachraum wird der Ausdruck breit gefächert gebraucht, da können auch Bücher **Must-haves** sein. Aber eigentlich wird auch dort alles unter diesem Imperativ verkauft. Die hiesige Modeindustrie hat es abgekupfert und die Frauenzeitschriften als deren Erfüllungsgehilfen schreiben es wieder und wieder in Endlosschleifen unter die Fotos von „Celebrities" und deren „Outfit". Damit auch Janina aus Dessau die 25cm hohen Block-Stiefelchen begehrt oder die knallgrüne Zipfelmütze von Gucci.

Blogger und Influencer in den „Social Media" Kanälen setzen es fort. Aus ihren Jugend- oder Wohnzimmern heraus führen sie Kleidung und Kosmetik vor und tun so, als ginge es ihnen um den persönlichen Kontakt zu ihren „Followern". Die Produzenten im Hintergrund freuen sich über die billige Werbung.

Klar, ältere Frauen sind da raus. Hier wird das Konsumverhalten der Jüngeren angeschubst. Und die möchten dazugehören zur Gruppe der „coolcats".

In der Pop-Kultur der 6oer Jahre wurden die besonders Modeaffinen als „in-crowd" bezeichnet. Man war in etwas „drin". Man hatte, über Kleidung und Accessoires hinaus, oft gemeinsame musikalische Interessen oder war irgendwie kreativ oder rebellisch. „In" zu sein ist mittlerweile ein veralteter Begriff.

Stattdessen gilt jetzt „it". So ist das **Must-have** auch als **It Piece** bekannt. Im Sinne von „**that´s it**" – das ist es, das Ding, dessen Besitz dich vor den anderen auszeichnet, das dich attraktiv macht, das zeigt, dass du zu denen gehörst, die den Ton angeben und bewundert werden.

Ist das **Must-have** ein Luxusartikel, hebt es die zumeist weiblichen Träger oder Nutzer in eine höhere soziale Schicht. Das Statussymbol signalisiert: Ich kann mir alles leisten. Und so sind es dann die von den Medien ernannten **It-Girls**, die sich mit diesen teuren Dingen zeigen. Es sind junge, erstaunlich selbstbewusst auftretende Mädchen oder Frauen, Sternchen aus Popmusik und Film, Instagram-Ikonen und Influencer oder vermögende Erbinnen, deren wesentlichstes Merkmal es ist, schön und/oder reich zu sein oder so zu tun als ob.

Das, was die haben, so wird den anderen **Fashion-Victims** suggeriert, **musst** du auch **haben**.

Talent oder Persönlichkeit spielen kaum noch eine Rolle. Anerkennung geschieht über alles, was den „Look" aufwertet. Die Kassiererin von H&M kann aussehen wie Christina Aguillera. Auf der Mode-Internetseite instyle.de heißt es: „Star-Looks zum Nachmachen...mit diesen Outfits sieht jeder wie eine Celebrity aus." Doch leider sind die Versprechen auf Glanz kurzlebig, die Objekte wechseln schnell – **shoppen** kann zum Stress werden.

Auf breitester Ebene – im privaten wie im öffentlichen Fernsehen – käuen die Moderatoren von „Brisant", „Taff" oder „Shopping Queen" das **Must-have** endlos wieder. Es taucht auf in den Interviews mit B-Prominenten, in der Werbung und wird schließlich zum **Must-say** im Alltag.

So titelt Rewe im April 2021 in seinem Newsletter: „**Die absoluten Zutaten Must-haves**". Die erste Position auf der Liste sind Nudeln!

Für Astrologie-Fans ist die App: „**Time Nomad ein Muss für alle, die sich mit Astrologie bereits gut auskennen**". Und für Shisha-Jünger gibt es den „**Must-have Pynkman Tabak**".Selbst den soliden Ikea-Konsumenten wird von Gofeminin als Kommentar zum Katalog von 2021 deutlich gemacht: „**Das sind die neuen Interior-Must-haves**".

Und die Internetseite <u>familie.de</u> preist im Corona-Sommer 2020 – sozusagen als Lebenshilfe – „**10 Ikea-Must-haves für Kinder, die uns jetzt über die Runden helfen**" an.

Angesichts der hohen Benzinpreise empfiehlt der Focus: „**Must-have-Apps für Autofahrer**", Tank-Apps, die helfen, beim Benzin zu sparen. Erlanger Studenten wird als **Must-have** ein robustes Fahrradschloss empfohlen und für Hundefreunde gibt es die **Must-have-**App „Dogorama". Die empfehlen Hundewiesen und Tierärzte.

Hoffentlich wird es bald eine Generation geben, die sich nicht mehr sagen lässt, was sie zu **haben** hat. Dann ersetzt vielleicht das **Haben** nicht mehr das Sein.

Und wohl dem, der gar nichts **muss**.

Nicht dafür!

Wenn man sich für etwas bedankt, antwortet der andere häufig mit „Bitte" oder „Gerne".

„Es war mir eine Freude" oder „Das habe ich gerne für dich gemacht" ist zwar etwas aufwendiger, aber freundlicher. Die Situationen, in denen man sich bedankt, sind vielfältig, genauso wie die Personen, die es betrifft. In der Familie beginnt es mit dem Danke-sagen-Training für die Kleinen. Zwischen Lehrern und Schülern wird es fortgesetzt, hin zu Angestellten und Chefs, Käufern und Verkäufern.

Es ist eine der kürzesten Formen von Kommunikation und doch scheint sie Probleme zu machen. Denn seit einiger Zeit kursiert bedauerlicherweise die sonderbare Replik: **„Nicht dafür!"** Die norddeutsche Version: **„Da nicht für"** hört sich auch nicht besser an.

Dabei eignet sich die schlichte Antwort: „Bitte!" für viele Situationen. Der Amazon-Bote reagiert so auf unseren Dank. Auch der höfliche Mensch, dem wir für das Vorlassen an der Supermarktkasse danken, kann ganz einfach „Bitte schön" sagen. Stattdessen hört man „**Nicht dafür**" und wundert sich.

Dem Verkäufer, der uns gut beraten hat, könnten wir auf seinen Dank beim Bezahlen mit einem „Ich danke <u>Ihnen</u>" antworten. Bedanken wir uns aber zuerst für seine Aufmerksamkeit und der würde dann „**Nicht dafür**" sagen, wären wir zumindest irritiert. Bei einem Radio- oder Fernsehinterview gibt der Befragte den Dank zurück an den Journalisten, schließlich veröffentlicht und verbreitet der seine Ansichten. Mit einem „**nicht dafür**" würde er selbst seine Äußerungen entwerten. Für manchen AfD Abgeordneten wäre das allerdings die passende Replik.

Aber was sagt man, nachdem sich der Kellner für das Trinkgeld bedankt hat? Erwidert man auch hier den Dank oder sagt man nur kurz „Bitte" oder „Gerne"? Würden knausrige Gäste selbstkritisch „**Nicht dafür**" erwidern?

Wenn sich nun jemand für die Lösung eines Problems, für die Erledigung einer anstrengenden Arbeit, für ein aufwendiges Essen oder ein kostbares Geschenk bedankt – wie könnte der Wohltäter darauf antworten? Am besten freundlich im Sinne von „Gern geschehen". Aber leider sagen viele dann **„Nicht der Rede wert"**, **„Keine Ursache"** oder eben **„Nicht dafür"**!

Damit wird eine gute Tat heruntergespielt, entwertet. Der, der zum Essen eingeladen wurde oder dessen Ikea-Schrank jetzt sicher steht, sieht das anders, es war etwas Besonderes für ihn. Er würde sich mit einer positiven Replik auf seinen Dank besser fühlen. Der Koch oder Handwerker tut so, als sei es eine Kleinigkeit, eine Selbstverständlichkeit gewesen. Aber eigentlich weiß er, dass das nicht so ist. Wenn er dann **„nicht dafür"** sagt, klingt es, als wäre es ihm unangenehm, einen Dank entgegenzunehmen. Als sei er unsicher, und wehre eine Emotion ab, die ihm peinlich ist.

Die Floskel: **„Kein Thema"** ist ähnlich, auch sie kann den Dankbaren verstimmen, für ihn war die Sache vielleicht durchaus ein wichtiges **Thema**.

Aber könnte nicht Bescheidenheit und Empathie dahinter stecken? Man möchte den zu „Dank Verpflichteten" entlasten, wenn man betont, dass es keine Mühe war.

Und woher kommt dieses: **„Nicht dafür"** eigentlich?

Aus dem Englischen wohl nicht, denn da gibt es eine ganze Reihe hübscher Antwortmöglichkeiten, wobei die gängigste: **„You're welcome"** oder noch netter **„My pleasure"** ist.

Bei dem Imperativ: **„Don't worry!"** handelt es sich sinngemäß um die erwähnte Entlastung des Empfangenen. Er muss den Gefallen nicht erwidern, sich nicht verpflichtet fühlen.

„Don't mention it!" ist stärker, es bremst den Dankenden geradezu aus, bringt ihn zum Schweigen.

Das spanische: **„De nada"** kommt der deutschen Antwort **„Nicht dafür"** etwas näher, wirkt aber nicht so hart.

Vor allem müsste man fragen, wenn nicht **„dafür"**, wofür denn dann? Für etwas Anderes müsste man zum Dank verpflichtet sein? Was könnte das sein?

Wie auch immer. Die Abwehr, die in diesem „**Nicht dafür**" enthalten ist, würgt die positive Energie, die der Dankende dem Wohltäter entgegenbringt, rigoros ab. Ihm wird sozusagen die Tür vor der Nase zugeschlagen. Sein Dank und damit seine Person erhalten keine Wertschätzung und auch die gute Tat scheint belanglos zu sein.

Es wäre also wünschenswert, wenn der, der mir einen Gefallen getan hat, etwas für mich erledigt hat, meinen Dank nicht abschmettert oder runterspielt, sondern sich über meine Dankbarkeit freut und sie entspannt und gut gelaunt annehmen kann. Wie gesagt, das kleine Wort „gerne" würde da schon reichen.

In Bayern sind Wohltäter und Empfänger aus dem Schneider, denn einem „Vergelt's Gott" ist außer einem Lächeln und „Passt scho!" nichts hinzuzufügen.

Wie auch immer, „**Nicht dafür**" ist eine dumme Redensart, die hoffentlich bald wieder aus der Mode kommt.

Offene Ohren

Offene Ohren, beziehungsweise mindestens **ein** offenes **Ohr** zu haben, scheint eine deutsche Tugend zu sein. Schulleitungen bieten dies ihren Schülern an, Firmenchefs ihren Untergebenen beziehungsweise Mitarbeitern. In den Jugendclubs in Stadt und Land betonen die männlichen und weiblichen Erzieher und Sozialarbeiter den Jugendlichen ein **offenes Ohr** gar **zu schenken.** Genauso großzügig sind die Sonnenblumendamen im Achimer Krankenhaus, auch sie „**schenken den Patienten ein offenes Ohr".**

Ohren kann man, im Gegensatz zu den Augen, nie schließen. Wir hören vieles, was wir nicht hören wollen – zum Beispiel das „Easy Listening" in Verkaufsräumen, den Verkehrslärm in den Metropolen, die Geräusche von Nachbarn in Mietshäusern, nächtliches Hundegebell und dergleichen mehr. Auch bei den Werbeeinblendungen in Radio und Fernsehen würden wir, wenn wir könnten, die Ohren gerne verschließen. Das ginge schneller als umzuschalten, wenn es denn ginge.

Die **offenen Ohren** hingegen sollen etwas Gutes für uns sein. Denn es ist die Bereitschaft gemeint, aufmerksam und bewusst Zuzuhören, verbunden mit der Aufforderung an die Mitmenschen, zu sagen, was sie bedrückt, was verändert werden soll, was getan werden könnte, welche Hilfe benötigt wird.

So hat „...**das Corona-Krisentelefon der Uni Kassel ein offenes Ohr",** speziell für seine Erstsemester. Mindestens eins ist also unabdingbar, aber da geht noch mehr.

Besonders Politiker haben **offene Ohren** für „die Sorgen und Nöte der Menschen im Lande".

Dabei **stoßen** sie meist darauf. „**Die Wünsche der Bürger sind in der Politik auf viele offene Ohren gestoßen."** Wem mögen wohl all diese **Ohren** gehören? Denn sehr konkret ist diese Formulierung nicht.

Geht es um Moskaus Propaganda-Botschaften, ist man froh, wenn die bei uns nicht beachtet werden. Aber: **„Auf dem Balkan stößt die russische „Sputnik" Agentur hingegen auf offene Ohren".**

Auf offene Ohren stoßen Rentner vor dem Bundesfinanzhof, Surfer bei der Stadt Gießen, Kinder bei Spielplatzplanern, Anträge bei der Feuerwehr und Gerüchte darüber, wie lange Laschet sich noch halten kann. Ordensleute im Synodalpräsidium **stoßen** genauso darauf, wie der „Impuls ein „Whiskey Tasting" zu machen". Ob die Geistlichkeit dann allerdings geistige Getränke...?

Die FR glaubt, dass auch im fernen Osten die **Ohren** geöffnet sind. Der gesundheitliche Nutzen des „Waldbadens", führe dazu, dass Patienten und Patientinnen, „die auf Bäume blicken", weniger Schmerzmittel benötigten und schneller genesen: **„Solche Untersuchungen stießen in den 80er Jahren ... in Japan auf offene Ohren."** Die Ohren sind überall, man hat sie oder findet sie, man trifft oder hofft auf sie.

Militärpfarrer <u>haben</u> sie für die Sorgen der Soldaten, das Bistum Essen hat sie in der Corona-Krise. Vorgesetzte von Steinböcken haben sie laut Tageshoroskop und die Börse hat immer mindestens eines. Für wen auch immer.

„Nachhaltigkeit und Klimaschutz trifft oft auf offene Ohren." Die Trefferquote kann nicht so hoch sein, wenn man bedenkt, was dabei bisher herausgekommen ist.

„Dein Wort in Gottes Ohr" heißt es und da wundert es nicht, dass Hilfesuchende bei der Diakonie darauf **treffen** und auch bei Mitzva e.V. gibt es sie.

Sie werden auch **geliehen**. Ein Brigadegeneral der Bundeswehr schreibt, ein afghanischer Sprachmittler habe ihm im Einsatz „**seine Stimme und sein Ohr geliehen**".

Hessens **OFFENE OHREN** heißt eine Initiative des „Hessischen Ministeriums für Soziales und Integration". Migranten, Paaren, Schuldnern, Schwangeren, Senioren, Süchtigen, Trauernden und Wohnungslosen werden **Ohren geliehen**. Eine Rückgabe sollte selbstverständlich sein, bei Schuldnern und Süchtigen mit Nachdruck einzufordern.

Manchmal ist es eben schwierig.

Dann müssen Regionalpolitiker aus Gründen der Wiederwahl auf **offene Ohren** bei den Anwohnern **hoffen**. Mit Hilfe von „**Zugewandt-heit und offenen Ohren beim Wahlkampf in Gießen**", geht man auf Stimmenfang. Wenngleich ein Appell in Berlin schon mal auf **taube Ohren stoßen** kann.

Bei allen Gemeinschaften, Gruppen und Initiativen, die sich mit Musik beschäftigen, sind **offene Ohren** die natürlichste Voraussetzung. Schließlich muss man da einfach nur **hören** und nichts weiter tun. Es gibt den **Offene Ohren e.V.** in München für „Freunde der improvisier-ten Musik". **Offene Ohren** heißt ein Podcast über „Musik und Perspek-tiven": „Singende Flöten, Sufismus und Schubladen". Den Derwischen des Sufismus können die **Ohren** schon mal **sausen**.

Zuallererst signalisiert das Bild des **offenen Ohres** Interesse an einem Anliegen. Und alle die, die **offene Ohren** anbieten und nichts vorsingen oder flöten, sind dazu verpflichtet zu handeln. Ob in der Folge etwas geschieht, ist eine andere Frage.

Letztendlich ist diese Metapher eine Worthülse, je öfter sie gebraucht wird, desto unglaubwürdiger wird sie. Das, was dahinter steht, ist diffus, was Genaues weiß man nicht.

Wie bei so manch anderer Phrase, handelt es sich um ein „Angebot" von oben nach unten und ist damit ein strukturelles Phänomen von Hierarchien. Oder hat schon mal ein Lagerarbeiter betont, er wolle dem Chef ein offenes Ohr anbieten, der Antragsteller dem Sachbear-beiter in einer staatlichen Dienststelle?

Die offenen Ohren sind sehr oft der Ausdruck eines Defizits an Austausch zwischen Gruppen oder Partnern. Indem sie ihr **offenes Ohr** anbieten, wollen die, die das Sagen haben, eine Lücke schließen, ein Gefälle über-winden. Ob es redlich gemeint ist? Auch das weiß man nicht.

Eigentlich sollte es ganz normal sein, einander aufmerksam zuzuhö-ren, um bei Problemen zu helfen. Ostentativ seine **Ohren** anzubieten ist jedoch gönnerhaft und fällt unter Holden Caulfields „phony".

Vielleicht ist die Floskel deshalb so verbreitet, weil die Menschen sich nicht mehr **zuhören**. Sie **wollen** nicht **hinhören** oder **können** es nicht. Ihre **Ohren** sind verschlossen. Dazu gehört, dass Stimmen, Meinungen, Beschwerden im öffentlichen und auch privaten Diskurs oft ungehört bleiben.

Die Betonung auf **offenen Ohren** scheint das zu belegen. Wäre es anders, wäre der Ausdruck überflüssig.

Natürlich ist manches gut gemeint und hat positive Folgen. Wie bei zwei pensionierten Lehrern in Berlin-Kreuzberg, die einen „Zuhör-Kiosk" eröffnet haben. Der heißt „**Ganz Ohr**", bietet: „**Einfach nur ein offenes Ohr**" und ist äußerst beliebt.

Bei aktiven Lehrern sollte der Begriff allerdings gar nicht vorkommen, weil nichts Bedeutender und Selbstverständlicher ist, als **Kindern zuzuhören**.

Ob man nun darauf stößt oder nicht, das **offene Ohr** klingt irgendwie eklig, so wie ein **offenes Bein, eine offene Wunde**.

Okayyy...

Laut Wikipedia ist **Okay** das bekannteste Wort der Welt. Der Ursprung ist nicht ganz klar. Vielleicht ist es aus einem Sprachwitz entstanden, „...eine absichtliche Falschschreibung bzw. mehr phonemische Schreibung (oll korrekt) der Abkürzung für „all correct." Es könnte auch „Order known" bedeuten und käme dann aus dem militärischen Bereich. Spätestens nach dem 2. Weltkrieg verbreitete es sich in Deutschland. Jeder weiß es, **Okay** ist eine Bestätigung, man erklärt sich einverstanden, heißt etwas gut, ist bereit etwas zu tun oder zu versprechen.

Das ist auch **okay** so.

Kommentiert ein Sprecher eine Aussage jedoch mit **Okayyy**, ist nichts mehr mit Einverständnis. Jetzt wird signalisiert: Ich habe das, was du sagst, zur Kenntnis genommen und

- halte nichts davon
- finde es abwegig
- weiß noch nicht so recht
- finde das nervig
- es interessiert mich eigentlich nicht
- glaube das nicht so richtig
- habe das nicht so ganz verstanden

Im besten Falle erwartet der Sprecher weitere Informationen oder Details, um das Gespräch weiterzuführen.

Gesellt sich aber ein gelangweilter Gesichtsausdruck dazu, oder die Blicke schweifen umher, kommen dann doch b, d, oder e in Frage.

Der **Okayyy-Sager** hält wenig von Augenhöhe und sich selbst für überlegen. Der mit **Okayyy** Bedachte fühlt sich – bewusst oder unbewusst – irgendwie abgewatscht. Dieser restringierten, nachlässig dekadenten Form der Kommunikation fehlt der selbst von egomanischen Rappern eingeforderte Respekt.

Damit ist es dem **Hallooo** sehr ähnlich.

Sollte das **Okayyy** nur eine unbedachte, dumme Angewohnheit sein, könnte man den Sprecher fragen: „Wie meinst du das?" Dann wäre der sicher verblüfft und müsste Farbe bekennen.

Pippi in den Augen

Wenn sich ein Freund mit dem abgedroschenen Spruch **„Jeder Hippie muss mal Pippi"** auf die Toilette begibt, ist das peinlich. Das Wort **Pippi** ist nun mal Kindern vorbehalten, genauso wie **Pippi Langstrumpf**, obwohl die ja neuerdings unter Rassismus-Verdacht steht.

Sind manche Menschen zu Tränen gerührt, möchten sie das nicht so sagen und benutzen dann den unsäglichen Satz: **„Ich habe Pippi in den Augen."**

Zumeist sind es Männer, die sich so ausdrücken, und oft im Zusammenhang mit Sport. Die Eckernförder Zeitung berichtet nach dem Sieg des TSV Altenholz: **„Das sind so die Spiele, wo alle nach dem Schlusspfiff fast ein wenig Pippi in den Augen haben"**. Das klingt noch zaghaft. Die Stuttgarter Nachrichten erzählen im Januar 2017 unter der Schlagzeile „Tränenreiche Abschiede" unter anderem von Bastian Schweinsteiger, der **„…hatte <u>mächtig</u> Pippi in den Augen, als er sein Karriereende in der deutschen Fußball-Nationalmannschaft besiegelte."** Mittlerweile dürfte sich „Basti" eher freuen, beziehungsweise es „funny" finden, dass er ohne Bänderrisse zu riskieren, üppige Werbeeinnahmen einer Chips-Firma erhält.

Als Gio Reyna von Borussia Dortmund einem kleinen Mädchen ein Trikot zukommen lässt, kommentiert ein Fan dies mit: **„Großartig von euch, ich glaube die kleine bekommt Pippi inne Augen, wenn das Trikot ankommt."** Im sogenannten „Ruhrpott" scheint der Ausdruck am beliebtesten zu sein. Denn der STERN berichtet 2017 unter dem Titel **„Pippi inne Augen" – unter Tage mit den letzten Kumpeln in Bottrop"** über das Ende der Steinkohle.

Der Spruch ist also seit mindestens 5 Jahren populär.

Nicht nur beim Sport oder unter Kumpeln, sondern auch bei Bikern, Heavy Metal-Hörern, Fans von Superhelden oder Gruselfilmen ist er der „ultimative" Ausdruck von Emotion geworden. Anlässlich einer Biker-Aktion für einen kranken Freund erzählt der Initiator dem Kevelaerer Blatt: **„Das war der schönste Tag in seinem Leben"**, er müsse jetzt noch aufpassen, **„dass ich nicht wieder Pippi in die Augen**

kriege". Auf der Internetseite Metal Hammer und der Schlagzeile „Trash-Heroes" wird der Abschied des Musikers Tom Araya von der Band Slayer mit den Worten kommentiert: **„Wir schreiben die folgenden Worte mit Pippi in den Augen und Traurigkeit im Herzen: Slayer sind nun Geschichte",** Auch wenig zimperliche „Totschläger" werden mal sentimental.

Auf TVmovie wird 2017 eine neue Szene der Figur Glenn angekündigt, diese **...dürfte selbst den hartgesottensten „The Walking Dead"-Fan ein wenig Pippi in die Augen treiben."** Auch Zombie-Liebhaber sind zart besaitet.

Auf der Internetseite robots-and-dragons verkündet ein „User" anlässlich der Ankündigung von Spider-Man 3: **„Ich hab schon seit den ersten Gerüchten dazu vor langer Zeit Pippi in den Augen."** Worauf ein anderer kommentiert: „Solange es nur das eigene ist ;)". Ein Action-Film-Fan zeigt ironischen Durchblick!

Da sage noch einer, Headbanger oder Action- und Horrorfilm-Fans seien grobe Klötze. Die Wörter **Tränen** oder **Weinen** zu benutzen, ginge ihnen dann aber doch zu weit.

Und da liegt der Hase im Pfeffer. Denn Männer sprechen ungern über Gefühle und neigen immer noch dazu, Weinen als Schwäche und als weiblich anzusehen. Negativ konnotierte Begriffe wie „weinerlich" oder „Heulsuse" sind Beispiele dafür. Seltsamerweise scheint es sie weniger zu genieren, das Wort **Pippi** zu gebrauchen, als das angemessenere Wort **weinen**. Und so sinken die **Tränen** sozusagen in den Unterkörper, werden zu **Urin**, einem organischen Abfallprodukt. Natürlich würden sie nie sagen, dass sie **Urin** in den Augen hätten, aber **Pippi** klingt immerhin irgendwie niedlich und nett. Die **Pippi-Vergießer** möchten keinesfalls schwach oder verletzlich wirken. Einerseits gestehen sie ihre Rührung ein, distanzieren sich aber und relativieren ihre Emotionen mit diesem Spruch. Sie haben kein Problem damit Kindersprache zu gebrauchen und halten das Wort vielleicht für witzig. Leider sind auch einige Frauen dabei, wenn es um diese Form der Banalisierung von Gefühlen geht. Auf Tag24 gibt es gleich zwei Beispiele. Die Influencerin Jana Heinisch nimmt wegen eines Umzugs tränenreich Abschied von ihrem Hengst Domingo und teilt den Followern über Instagram mit: **„Wenn ich nur daran denke, habe ich schon Pippi in den Augen."** Sehr bewegt kommentieren die Fans von **„Mega-Influencerin Dagi Bee"** (bürgerlich: Dagmar Kazakov) deren Schwangerschaft: **„Meine liebste Dagi Bee, ich habe so Pippi in den Augen ... wir haben dich echt lieb."**

Auch Maren Fritsche, Autorin der Online-Zeitschrift Wunderweib, kann sich kaum zurückhalten. Unter dem Titel: „Warum Mamasein uns so sensibel macht", berichtet sie, dass ihr bei „emotionaler Werbung und traurigen Filmen die Unterlippe zittert". So auch, **„als ich mir ...den Trailer zu Disneys neuer Dumbo-Verfilmung ansah. Mit ordentlich Pippi in der Augen war mir klar: Diesen Film werde ich mir niemals ansehen können".** Bei so viel Feinfühligkeit können auch einfache Frauen nicht zurückstehen. Nicole Tiwisina aus Rath wird den Lesern von Rp-online unter der Rubrik „Mein Laden" vorgestellt. Die Floristin erzählt davon, dass viele Anlässe von der Taufe bis zur Beerdigung sie berührt haben: **„Manchmal habe ich dann Pippi in den Augen".** Ist das Rührseligkeit oder Sinn fürs Geschäft?

Warum sagen Frauen überhaupt so etwas? Vielleicht, weil es in den Medien viele Männer und Frauen gibt, die es vormachen, und dann halten es „Unbedarfte" irgendwie für „angesagt", so zu sprechen. Jörg Pilawa sagte den Satz im „Quizduell-Olymp". Die Juroren der beliebten Fernsehsendung „The Masked Singer" drücken sich öfter so aus. Die Südwest Presse schreibt dazu 2019: **„Mit „Fields of Gold" von Sting sorgt er** (Max Mutzke als Astronaut) **bei so mancher beziehungsweise manchem für Pippi in den Augen."** Also nicht nur Männersache.

Es gibt so viele differenzierte Beschreibungen von bewegenden Gefühlen. Wieso wertet man eine Emotion auf diese Art und Weise ab? Pippi oder Urin aus der Harnblase ist, im Gegensatz zu Tränen, eine unappetitliche Körperflüssigkeit. Daher sollte es mit den Augen, die angeblich so viel über den Menschen oder gar seine Seele sagen, nicht in Verbindung gebracht werden.

Tränen sind etwas Kostbares und Edles, sie können Ausdruck von Rührung und Mitgefühl sein, von Trauer und Freude oder auch von Wut und

Enttäuschung. Es sind starke Gemütsbewegungen, das wissen auch Harry Potter lesende Kinder. Bei den Magiern liegt in einer einzigen Träne ein ganzes Spektrum an emotionalen Erlebnissen und Erinnerungen, die sie auf wunderbare Weise konservieren und sichtbar machen können.

Auch die **Pippi in den Augen – Menschen** sind gerührt, bewegt, traurig oder glücklich. Vielleicht schämen sie sich ihrer Gefühle. Oder sie finden es „uncool" diese in Hochsprache mit „Ich musste weinen" auszudrücken. Sie sagen diesen blöden Satz, weil es ihre Vorbilder in den Medien oder ihre Freunde tun.

Die Ursache könnte aber auch im Unterbewussten liegen. Ohne es recht zu wissen, hält der Sprecher das, was ihn berührt, für zu banal und unbedeutend, um die Worte weinen und Tränen zu wählen. Oder aber er tut nur so, als sei er bewegt: **„Fake-Pippi in den Augen"**, wie es ein Kommentar in einem Blog ausdrückt.

Pippi wäre in diesem Fall dann weniger verlogen als **Tränen**.

Powerfrauen

Ausgehend von den Medien hat sich der unsägliche Anglizismus **Powerfrau** in die Alltagssprache eingeschlichen. Vor allem ehrgeizige, karrierebewusste Frauen werden so bezeichnet.

Im Juli 2020 wurde eine Sophie B. im Rahmen der „Hannover Messe Digital Days" zur **„Engineering Powerwoman"** gekürt. Das veraltete Verb „küren" ist ein seltsamer Kontrast zu dem englischen Titel. „Gekürt" werden Weinköniginnen oder Eiskunstläuferinnen, keine Elektroingenieurinnen!

Woher kommt der Ausdruck?

Das englische Wort **„Powerwoman"**, gibt es seit 1962.

Es handelt sich um Jessica Jones, eine Figur der „Avengers" aus den Marvel Comics. Durch Radioaktivität und die kosmischen Energien des Superhelden Galactus wird sie – nach einem Unfall im Koma liegend – sozusagen aufgeweckt und damit als Frau mit Superkräften erschaffen. Das „Zum-Leben-Erwecken" erinnert an Adam und Eva oder Schneewittchen und den Prinzen. Der Mann ist Schöpfer und Magier – Rippe und Kuss haben mythische Energie.

Auch die heutigen **Powerwomen** bzw. **Powerfrauen** werden von Männern dazu erklärt, ernannt, ausgelobt.

Aber immerhin sind die Comic-Heldinnen, die in der Folge entstehen, ähnlich übernatürlich stark, unverletzlich und langlebig wie ihre Kollegen. Sie sind schön, werden nie älter, können fliegen und Gedanken lesen. In den Multiversen des amerikanischen Comics gibt es jede Menge von ihnen (Hellcat, Lady Thor, Spider-Gwen etc.) Die kurvigen, muskulösen Frauen mit üppigem langen Haar sind in hautenge Overalls gepresst und damit gezeichnete erotische Männerträume. Bei Superman oder Batman ist der Sexappeal eher untergeordnet.

Die attraktiven Amazonen und Göttinnen verschiedener Mythologien sind die Archetypen, die hinter den Comic-Frauen stehen. Und auch heute scheint es so zu sein, dass die zur **Powerfrau** ernannte neben ihren außerordentlichen Fähigkeiten noch besonders ansehnlich sein muss.

In der Zeitschrift Gala vom März 2019 werden **Powerfrauen** vorgestellt: Emma Watson, ehemals begabte Zauberschülerin aus den Harry Potter Filmen, die heute für Frauenrechte kämpft, Amal Clooney, Menschenrechtsanwältin und Ehefrau des Hollywoodstars George Clooney. Auch Angelina Jolie wird genannt, berühmt geworden durch ihre Filmrolle als martialische Sexbombe Lara Croft und ihr Engagement für SOS Kinderdörfer und die UN-Flüchtlingshilfe. Auch Beyoncé, einflussreiche und superreiche Musikerin, die wunderbare Michelle Obama und die chirurgisch optimierte Kylie Jenner (mit 22 in der Milliardärsliste von Forbes) gehören ebenso wie Jacinda Ardern, die Premierministerin von Neuseeland, zur Riege der **Powerfrauen**.

Alle diese Frauen entstammen dem englischen Sprachraum. Sie sind berühmt und erfolgreich, oft intelligent beziehungsweise talentiert, tatkräftig oder sozial engagiert. Und es sind Frauen mit sehr weiblicher Ausstrahlung – die meisten würden perfekt in die sexy Catsuits der Comic-Heldinnen passen.

Und was ist mit unseren, mit den deutschen **Powerfrauen**?

Auch der deutsche Mann (Frauen benutzen den Begriff selten) meint damit die Ausnahmefrau. Die steht oft in der Öffentlichkeit, sie kann Schauspielerin oder Sportlerin sein, CEO eines multinationalen Konzerns und manchmal eine Politikerin.

Die Schauspielerin Natalia Wörner wurde sowohl als Vamp als auch als Hexe klassifiziert – und als **Powerfrau**. Weil der Playboy sie fotografierte? Weil sie den ehemaligen Außenminister Heiko Maas geheiratet hat? Oder weil sie sich mal einen Traktor gekauft hat?

Unter den deutschen Berühmtheiten findet sich Ursula von der Leyen, die zwar selten, aber das eine oder andere mal so genannt wurde. Nicht weil sie Sexappeal hätte, wohl eher weil sie extrem von sich überzeugt ist und für eine Politikerin so untypisch viele Kinder hat. Frau Merkel wurde dieser Titel (zum Glück) nie zuerkannt. Weil sie keine hat?

Warum wurde Madeleine Albright, frühere Außenministerin der USA, nie so genannt? War die zu unattraktiv? Was ist mit Christine Lagarde, der Chefin des Internationalen Währungsfonds? Steht die über solchen Kategorien? Auch Margarete Vestager wurde eher als „durchsetzungsstarke Dänin" bezeichnet und nie als **Powerfrau**.

Lagarde, Merkel und Vestager sind erfolgreich, kompetent und dominant, ihre Stärke ist so offensichtlich, dass es albern wäre, sie **Powerfrauen** zu nennen.

Da stellt sich dann die Frage, ob es wirklich eine besondere Anerkennung ist, so bezeichnet zu werden.

Denn wenn der Begriff nur auf bestimmte Frauen angewendet wird, hieße das doch, dass Frauen an sich eher schwach und unfähig sind und nur die eine oder andere mit diesem Titel ausgezeichnet werden kann. Unter dem Motto: „Es sind nur Frauen, aber seht mal, was sie leisten..."

Der Ausdruck hat ein Gschmäckle – wie die Schwaben sagen.

Denn er unterstellt, dass die Frau von Natur aus keine **Power** hat. So wie der Comic-Superheld Galactus die **Powerwoman** erweckt, verleihen einige Männer ausgewählten Frauen großmütig und selbstgefällig diesen Ehrentitel. Und sollten sie ihre Ehefrauen so nennen, haben sie es wohl nötig, sich einzuschleimen.

Auf der anderen Seite kann der Gebrauch des Wortes **Powerfrau** auch ein Indiz für mangelnde Gleichberechtigung sein.

So schreibt die Autorin Anika Landsteiner in der Welt News vom 20.11.2020, das es gut gemeint sei, die Stärke von Frauen mit diesem Begriff zu loben, es aber mehr Schaden als Nutzen bringe. Sie sieht die patriarchalische Struktur als Ursache zur Entstehung dieses und ähnlicher Begriffe. Die **Powerfrau** wäre somit eine Abweichung von der Norm, „ein positives Beispiel für Erfolg trotz herrschender Ungleichheit".

Aber die Ungleichheit schwindet langsam, aber sicher.

Frauen sind heute in allen gesellschaftlichen Arbeitsfeldern vertreten, sind erfolgreich in Wissenschaft und Forschung, in Politik und Industrie usw. Sie steuern ICEs, experimentieren in der Arktis und haben es nicht nötig, von irgendjemandem als Powerfrau bezeichnet zu werden.

Einige Männer haben das noch nicht bemerkt. Immer noch kursieren Altherrenwitze oder Geschwafel über Frauen, „die nicht einparken können" und dergleichen. Manche Testestoron-Bolzen glauben vermutlich, die Booster-Getränke, die literweise ihre breiten Kehlen durchströmen, sorgten auch für geistige Überlegenheit.

Für alle in Gehirn-Dämmerung dümpelten Männer ist der starke Mann noch die Regel, der **Powermann** daher ein „weißer Schimmel".

Bedauerlicherweise gibt es auch Frauen, die den Begriff verwenden. Egal, ob sie sich selbst oder andere so nennen, sie übernehmen unbewusst den männlichen Blick auf ihr Geschlecht. Wenn ein Fitness-Studio in Lollar **Powerfrauen** heißt, ist das harmlos, denn es wird speziell die körperliche Kraft angesprochen. Aber wenn junge Mädchen und weniger junge Frauen ein T-Shirt mit dem Aufdruck **Powerfrau** tragen, stellt sich die Frage, ob das pubertäre oder spätpubertäre Provokation ist oder eine naive Art sich selbst vermeintlich aufzuwerten? Selbst einige sich feministisch gebende Bloggerinnen gebrauchen die inflationäre Floskel.

Und wenn gar der Kunstpalast in Düsseldorf auf seiner Internetseite die klassizistische Malerin Angelika Kauffmann mit „Künstlerin, **Powerfrau**, Influencerin" anpreist, fragt man sich, warum eine sicherlich intellektuelle Kuratorin diese sprachliche Anbiederung gewählt hat.

Das Wort gehört in die Mottenkiste.

Man muss keine **Powerfrauen** hervorheben. Nicht nur, weil sowohl Frauen als auch Männer unterschiedlich stark sind, sondern weil das, was zählt, die Einzigartigkeit jedes Menschen ist.

Prio, Diss und Orga

Auch ohne das **e** am Ende, wie bei Tanke und Mucke, gibt es jede Menge ärgerlicher Abkürzungen in allen öffentlichen Bereichen.

Aus der Filmbranche stammt der Begriff **Dreh** für Dreharbeiten. Wenn sich Menschen zum regionalen Gespräch treffen, ist das ein **Stadtteiltreff**. Daran haben wir uns schon gewöhnt.

Aber dass das Wort **Priorität** ständig mit **Prio** abgekürzt wird, ist wirklich eine Unsitte.

In aller Munde ist die **Prio** seit der Impfstoff gegen das Corona Virus eingesetzt werden konnte. Die **Impf-Prio,** beziehungsweise **Prio 1, 2** oder **3,** es wurde endlos berichtet und diskutiert, wer, wie und wann angesichts knapper Bestände dran ist. Im April 2021 schreibt die Süddeutsche mit: „**Prio statt Porsche**" über die Impfung als Statussymbol.

Mit dem von „in-house" produziertem Kundenmagazin „**Prio**" will sich die Post bei den potentiell Unzufriedenen wieder einschmeicheln.

Prioritäten zu setzen ist zwar Hochsprache, aber im Alltagsgespräch durchaus üblich. Erzieherinnen machen es sich trotzdem einfacher, wenn sie eine **Prio-Liste** für ihr Material erstellen. Ein „Bike Magazin" hält es genauso: „**Erste Prio: Funktion und Zuverlässigkeit**". Das ist zwar sprachlich nachlässig, aber nachvollziehbar.

Das Motorsport Magazin stellt fest: „**Bottas hilft Hamilton nicht: Eigenes Rennen hat Prio**". Der Fußball kann da nicht fehlen: „**Das schnelle Umschaltspiel ist für den Trainer Prio 1**". So verteidigt eben jeder kurz und knapp seine Interessen, die hoffentlich zum Erfolg führen. Nicht geklappt hat das bei Schlagersängerin Vanessa Mai. Vor der von ihr propagierten App „**prio one**" (vaginale Gesundheit und Anti-Baby-Pille) warnen Ärzte und andere Experten.

Weil „...**das Gendern zum Prio-Thema des Landes...**" wird, so der Stern im Juni 2021, kommt noch Einiges auf uns zu.

Fragt man 12-jährige, was man unter **Prio** versteht, wissen die das. Aber nicht, dass das Wort eigentlich **Priorität** heißt. Schließlich ist auch der Solidaritätszuschlag zum **Soli** geschrumpft. Vielleicht gibt es irgendwann auch **Diversi** und **Brutali**. Doch damit nicht genug.

Wie bescheuert ist es eigentlich, eine **Dissertation** eine **Diss** zu nennen? Auch wenn das unter manchen der jungen Doktoranden an der Universität üblicher Sprachgebrauch ist, muss das der Journalismus noch lange nicht nachahmen und damit verbreiten. Es hat was von Insider-Gehabe und soll wohl abgeklärt und intellektuell wirken. Zumal es suggeriert, das Schreiben derselben wäre eine lässig zu bewältigende Sache. Was übrigens nichts mit „**dissen**" zu tun hat. Dieser Begriff aus dem Englischen bedeutet, über jemanden herziehen, niedermachen. Aus dem Verb kann auch ein Substantiv werden. Auf dem irischen Onlineportal RTÈ wird über sich angiftende Musiker berichtet: „**Mick Jagger reacts to Paul McCartney's diss**". Im weiteren Verlauf: „**They diss each other**". Definitiv keine akademische Auseinandersetzung.

Während Jugendliche das Wort recht oft nutzen, taucht es in der Presse seltener auf. Nur auf der Rap-Musik-Internetseite „Raptastisch" wird öfter **gedisst**: „**Monet192 erhebt schwere Vorwürfe nach Diss von Farid Bang**".Ein typischer **Rap-Diss** klingt so: „Halt die Schnauze du Paul". Wenn Oliver Pocher sich über Influencer lustig macht, wird in der Presse daraus ein „**Pocher Diss**". Zurück zum Deutschen.

Aus dem Verb „**sprechen**" hat irgendjemand mal das Substantiv „**Sprech**" abgeleitet. Besonders bekannt als **Politikersprech**. Man könnte **Politikersprache** sagen, aber das klänge neutral, was nicht beabsichtigt ist. **Sprech** ist eindeutig abwertend gemeint. Es klingt, ebenso wie **Diss**, zwar blöd, kritisiert aber immerhin etwas, was wir alle kennen und was uns stört.

Mit stereotypischen Redewendungen und diplomatischer Rumeierei verwischen Politiker aller Couleur die erhofften klaren Aussagen. Allen voran das geschickte Nicht-Beantworten von Fragen. Vielleicht kommt das Wort, wie so vieles, aus dem Englischen, als Übersetzung von **speech**. Was es nicht besser machen würde.

Jeder weiß, dass die Deutschen Ordnung und geordnete Abläufe lieben. Daher verwundert es leider nicht, wie weit sich die

Abkürzung **Orga** für **Organisation** verbreitet hat. Sie ist ein typisches Beispiel für Maul-Schreib-Faulheit. Die Mitteilung muss schnell rüber kommen, egal wie befremdlich es klingt. So gibt es mittlerweile unfassbar viele **Orga-Teams** für Veranstaltungen aller Art. Der Nikolausmarkt in Füssen hat eins, das Oldtimer-Schlosstreffen in Apolda und die Sportjugendkulturwoche in Hörnerkirchen braucht es und das Rock-It! -Festival im Mörser Bollwerk ginge nicht ohne **Orga-Team.** Die Fluthilfe und ihre Helfer haben **Orga-Teams**, Altstadtläufe und Impfaktionen ebenso. Es gibt auch **Orga-Chefs**. Der von Olympia 2021 hat sich unrühmlich verhalten: „**Orga-Chef Yoshiro Mori nach sexistischem Kommentar vor Rücktritt**". Auch ZEIT-Autoren und Autorinnen kürzen gerne ab. Der Untertitel unter der Schlagzeile: „Mein Mitschüler, der YouTube-Star" lautet: „**Unsere Autorin kennt Peter Smits als Orga-Talent ihrer Abiklasse.**"

Für Stadionbesucher gibt der 1.FC Nürnberg: „**Orga-Hinweise zum Heimspiel gegen Hannover 96**". Nicht gut gelaufen ist es für ein Team von Superbike-Sportlern in Argentinien – sie verirrten sich und erlebten einen **Orga-Alptraum**. Sogar Titel werden verliehen. In der Deutschen Verkehrszeitung wird „**Die Orga-Queen**" gelobt. Bärbel Bek hat 25 Jahre lang akribisch, korrekt und mit offenem Ohr (!) für die „Greiwing logistics for you GmbH" gearbeitet. Einen „**Orga man**" gibt es auch. Mit orange-blauem Comic-Logo eines freundlichen Schlipsträgers wirbt eine Plattform für „Integriertes Organisationsmanagement".

Nicht nur Menschen, auch Sachen sind Organisierer oder Organizer. Die Produktwerbung braucht die Verkürzung dringend, es spart viel Druckerfarbe und Platz. Hier ein paar Beispiele.

Ruco-Suppentüten-Orga
Kaffee-Tee-Orga
Orga 930M-Kartenterminal
Drehstuhl Orga-B
Rollcontainer Orga Plus

Für Schränke gibt es Schal-, Wäsche- und Besteck-Orgas, also Schubladeneinsätze. Das ist ein langes Wort, aber besser als **Orga**. Für Kaffee und Tee waren die **Orgas** früher Boxen, Schachteln, Kistchen oder

Gläser – damit hatte niemand ein Problem. Aber seit es hunderte von Kaffeekapseln gibt und ebenso viele Teesorten, müssen die wohl **organisiert** aufbewahrt und präsentiert werden.

Apropos Suppentüten: Dass die Werbefritzen die Kurzformen aufnehmen, steht außer Frage. Bei Maggi haben sie die dritte und vierte Silbe von ihrer Spaghetti **Bolognese** gestrichen und es bleibt die **Bolo**. Ist eh nur für Kinder…

Unter Gamern ist **Orga** ganz klar ein riesiges, kraftvolles Monster, aus Zellen von Godzilla im Weltall entstanden. Er kann seinen Gegnern nicht nur üble Bisswunden zufügen, sondern ihnen auch Energie rauben. Man sollte das Tier mal auf die „**Orga-User**" ansetzen. Das Wort **Organisation** könnte bald verschwunden sein. Denn auch die **Impro** war mal eine **Improvisation** ist, die **Info** eine **Information**.

Alle Wörter mit **-ion** am Ende könnten ein ähnliches Schicksal erleiden. Die **Konfrontation** würde zur **Konfro**, die **Isolation** zur **Iso** (die **Isomatte** gibt es ja schon), die **Argumentation** zur **Argu**, die **Opposition** zur **Oppo**.

Ebenso schwer zu ertragen ist der **Perso**. Das Wort ist schon lange bei allen Bundesbürgern im Gebrauch und nicht mehr auszurotten. Zum Glück ist es nicht so vielseitig wie **Orga**. Aber überall da, wo es um den **Personalausweis** geht, ob im Alltagsgespräch oder in der Presse, heißt er **Perso**. Neuerdings vermehrt, denn es wird den **E-Perso** geben, auch **Handy-Perso** oder **Smartphone-Perso** genannt. Auf der Seite des BR wird kundgetan, dass Münchens Clubs seit September 2021 „**Perso und Impfpass bitte**" verlangen.

Teuer wurde es für einen Autofahrer, der von der Polizei angehalten wurde: „**Ärger auf Bundesstraße: Mann zeigt Polizei Impfausweis statt Perso**". Die Beamten merkten, dass der gefälscht war – jetzt gibt es ein Verfahren wegen Urkundenfälschung. Die Verfälschung von Sprache wird leider nie geahndet.

Ich jedenfalls werde immer Personalausweis, Dissertation, Politikerjargon, Binsenweisheit, Denkweise und Musik sagen.

Späti, Schweini & Co...

Das kennen wir, die Kurzform von Vornamen, vertraute, persönliche Versionen von zu schwerfällig oder altertümlich wirkenden Namen. Manche Familienangehörige wollten den vor 60 und mehr Jahren auf den Namen Wilhelm getauften kleinen Jungen dann doch nicht so nennen, und so wurde **Willi** daraus. Für einen heutigen Corporate Finance Manager denkbar ungeeignet.

Aus Manfred wurde damals **Manni**, aus Günther **Günni**, aus Ulrich **Ulli**. Hans, der abgekürzte Johannes, bekommt einen Buchstaben dazu und wird zu **Hansi**. Neulich aus einem Leserbrief: „Warum müssen Fußballtrainer eigentlich immer wie Kanarienvögel heißen?" (**Berti, Rudi, Yogi, Hansi**) Bei Jürgen ließ sich das zum Glück nicht machen.

Und so schleppen manche der mittlerweile älteren Herren bis heute noch das kindliche **i** mit sich rum. Es macht sie vielleicht jünger und sanfter, wenngleich sie sicher nicht als **Softis** bezeichnet werden möchten.

Bei den Mädchen verhielt es sich nicht anders, die strenge Ursula wurde zu **Uschi**, der martialische Name Barbara wurde zur naiven **Babsi**, was nicht alle Barbaras schätzten. „Skandal um Rosemarie" wäre so kein Ohrwurm geworden.

Für Kosenamen war das **i** schon immer wesentlich. Sich **Hasi** und **Mausi**, **Püppi** und **Bärli** zu nennen, halten zärtlich gestimmte Paare für ihre ganz eigene Schöpfung.

Diese Verniedlichungen sind ein Zeichen von Zuneigung und Nähe und daher mit Nachsicht zu betrachten.

Anders ist es bei Menschen, mit denen wir weder verwandt noch befreundet sind.

Sowohl zu ihrer Zeit als auch bis heute wird Elisabeth von Österreich-Ungarn **Sissi (Sisi)** genannt. Das zeigt den verklärten Blick des Volkes (Filmpublikums), das sie mit diesem Kosenamen näher an sich heranrückt und für sich vereinnahmt. Die historische Sisi war eine kontroverse Persönlichkeit und alles andere als so niedlich und süß wie die damalige Romy Schneider.

Versuche der CDU, Angela Merkel mit Hilfe von Mick Jagger zu **Angie** zu machen, sind nicht gelungen. Ihre kühle Seriosität hat diese Art von Nähe unmöglich gemacht. Sie gar als **Mutti** zu bezeichnen, hat, außer bei etwas naiven Geflüchteten, zu Recht wenig Akzeptanz gefunden.

Überdeutlich wird die Vereinnahmung bei „unseren" Ausnahmefußballern **Poldi** und **Schweini**, bei denen die Nachnamen herhalten müssen.

Schumi würde heute niemand mehr sagen, obwohl der Rennfahrer immer noch verehrt wird. Aber sein tragisches Schicksal verbietet diese plumpe Vertraulichkeit.

Aus der Schule sind uns noch die Abkürzungen für die Fächer vertraut. Durch das i verlieren **Reli**, **PoWi**, **Geschi** und **Bili** etwas von ihrem hohen Anspruch. Ohne ein i trifft das auch auf **Franz**, **Bio** und **Mathe** zu. Wir zähmen die Fächer, machen sie klein, damit wir uns weniger vor ihnen fürchten. Allerdings – für die, die Schule lieben, können **PoWi** und **Bili** ein Zeichen von Zuneigung sein. Für einige wenige Sprachsensible war und ist es albern.

Nicht immer steht das angehängte i für persönliche Nähe oder eine Vereinnahmung.Wird es öffentlich oder politisch, kommen wir bei den i-Endungen leider auch auf den **Nazi** oder die **Stasi**, die übelsten Synonyme für grausamen Machtmissbrauch und Unterdrückung. Diese i-Wörter/Namen sind atypisch, es sind <u>nur</u> Abkürzungen. Sie sind kein Ausdruck von Zuneigung und haben jede Art von Ablehnung mehr als verdient. Unpassender weise klingt **Stasi** harmloser als Ministerium für Staatssicherheit.

In den 70er Jahren tauchte der **Zivi** auf, oft mit Sympathie und nur von Wenigen herablassend betrachtet. Die Abkürzung ist nachvollziehbar, schließlich ist „Zivildienstleistender" recht lang. Auch der **Bufdi** gehört in diese Kategorie (Bundesfreiwilligendienst). Während mit **Bundi** in der DDR der Bundesrepublikanische Bürger gemeint war, ist es heute umgangssprachlich der Soldat der Bundeswehr. In beiden Fällen scheint nicht ganz klar zu sein, ob das neutral, nett oder abwertend gemeint war oder ist.

In den 70er bis 80er Jahren profilierten sich die **Spontis** (Spontaneität der Massen im revolutionären Sinne), die nur unter ihresgleichen beliebt waren.

Der **Sozi** wird bis heute nur von seinen Gegnern so genannt (Plural: die Sozen). **Julis** (Junge Liberale) klingt viel netter, was meteorologische Gründe haben könnte. Jedenfalls werden sie weniger attackiert als die **Sozis**. Den DDR-Bürger in der Nachkriegszeit **Zoni** zu nennen, klinkt zärtlich und ist dennoch abwertend. Mit den **Ossis** und **Wessis** wurden später·Ressentiments deutlich, wenn nicht sogar gegenseitige Missbilligungen. Beim **Besserwessi** wird es dann eindeutig negativ.

Gruftis gibt es in Ost und West, was deutlich macht, dass ältere Menschen hüben wie drüben nicht unbedingt davon ausgehen können, wertschätzend behandelt zu werden. Auch **Multi-Kulti** wird nicht eindeutig gebraucht. Während viele damit eine gewünschte, bunte Internationalität meinen, sehen und nutzen andere diesen Begriff negativ. Indirekt kritisieren sie eine Politik, die Ihrer Meinung nach zu viele Menschen anderer oder bestimmter Nationalitäten „in das Land lässt". **Multi-Kulti** steht dann für die Angst vor Überfremdung und dem Zweifel am Integrationswillen der Zuwanderer.

Grundsätzlich dominiert bei der **i**-Endung die Funktion als Diminutiv. Eine Gruppe, ein einzelner oder eine Sache wird kleiner gemacht, verharmlost, uns näher gebracht.

Die **i**-Endung ist in vielen Fällen positiv assoziiert. Sie kann dazu dienen Gruppenzugehörigkeit herzustellen. Wenn Außenstehende dann nur schwer oder gar nicht verstehen, was gemeint ist, ist das gewollt.

Unter Studierenden werden die oft hilflosen Erstsemester halb mitfühlend, halb herabsetzend **Erstis** genannt. Und politisch korrekte Basisaktivisten mit **Piercis** (Piercing-Stecker) im Ohr reden auch schon mal von **Flüchtis** und meinen, sich damit solidarisch zu verhalten. Derart verniedlicht, verharmlost das Wort allerdings die erlittene Realität der Betroffenen. Politisch korrekt wäre Geflüchtete oder Asylbewerber – **Asys** möchte dann doch niemand sagen. Genauso wenig, wie ein Journalist der HNA (Hessisch-Niedersächsische Allgemeine) am 8.4.2021 die Leser und Leserinnen zwar politisch korrekt „gendern", aber trotzdem nicht **„Lesys"** nennen möchte. Auch beim Partizip der „Lesenden" sträuben sich bei einigen die sprachsensiblen Nackenhaare.

Unter den jungen Linken, vor allem in Berlin, haben sich einige besonders alberne Abkürzungen entwickelt. Auf der Website „Jetzt" (Partner von Süddeutscher Zeitung) berichtet Johanna Roth am 18.10.2018 über „Linkes Demo-Vokabular".

Zumeist geht es um Gegenstände, die unabdingbar sind für politische Aktivitäten. Als Beispiele nennt die Autorin die **Lautis** (Lautsprecherwagen), **Transpis** (Transparente / Pappschilder) für die **Demos.** Der **Hambi** ist der Hambacher Forst, wo die **Ini** (Initiative) gegen Obrigkeit und Bullen (die kriegen kein i) gerichtet ist. Zur Erregung von Aufmerksamkeit oder als **Info** dienen die **Flugis** (Flugblätter).

Wie man an **Info** und **Demo** sieht, gibt es natürlich eine Flut von Verkürzungen oder Abkürzungen ohne verniedlichendes i, die man in allen Lebensbereichen und auf der politisch-gesellschaftlichen Ebene findet. Jeder nennt die **NATO** nur so und nicht mit vollständiger Bezeichnung. Das gilt auch für die **ARD,** die **GmbH,** die **Fifa** oder den **CEO.**

In vielen Berufsgruppen fördern Abkürzungen oder Verkürzungen einen effektiven Arbeitsablauf. Manchmal kommt es dabei zu witzigen Wortschöpfungen wie dem **Flösch.** Das ist der Feuerlöscher bei der Schweizer Armee.

Apropos Schweiz: Die i-s oder li-s der Schweizer sind lustig: Der Apfelgrips heißt Goibschi oder Bitschgi, der Schluckauf Hitzgi oder Gluggsi. Die Sparkasse wie auch das Sparschwein sind ein Kässeli. Der Tüüfeli liegt im Detail. **Grüezi!**

Das Bedürfnis von Gruppen, sich über die Sprache zu definieren und abzugrenzen ist durchaus verständlich. Genauso wie das Bedürfnis des Einzelnen nach Zugehörigkeit und Emotion. Sich in Kürze verständlich zu machen, hat aber seine Tücken. Denn es gibt viele albern klingende Formen von Verkürzungen mit i -Endung. So wie die Namen der oben genannten Prominenten, die selbst nichts dafür können.

Neben dem linken Demo-Vokabular gehören auf jeden Fall einige Berliner Phänomene dazu.

Wenn die Kioske in Köln Büdchen, in München Standl, in Stuttgart Lädle heißen, so klingt das nett und authentisch, es passt zum Dialekt. In der Hauptstadt gibt es den Spätkauf, den **Späti**. Das können nur Berliner gut finden.

Denn die finden es auch gut, mit dem **Öffi** zum **Kotti**, **Boxi** und **Görli** (Kottbusser Tor, Boxhagener Platz, Görlitzer Park) zu fahren und sich damit als waschechte und coole Hauptstadtbewohner auszuweisen. Dabei sind zumindest **Kotti** und **Görli** keinesfalls so niedlich, wie sie klingen.

Und Journalisten verstärken den Trend. Im Oktober 2019 berichtet der Tagesspiegel unter dem Titel: „**Wem gehört der Boxi?**" über Immobilienspekulation in Friedrichshain.

Und der Spiegel dokumentiert im gleichen Zeitraum auf YouTube: „**Brennpunkt „Kotti": Obdachlose, Dealer und Süchtige in Berlin**". Die Süddeutsche ergänzt: „Trostloser geht's eigentlich kaum."

Auf zeit.de liest man vom Görlitzer Park als rechtsfreien Raum: „**Berlin: Wer hat Angst vor dem Görli?**" Klar, die Schlagzeile wird kompakter, die Botschaft ist näher dran an den Betroffenen. Trotzdem klingt es kindisch.

So wie bei manchen Männern, die Wert auf Muskelentwicklung legen, diese gerne **Muckis** nennen und den dazugehörenden Ort **Mucki-Bude**. Immerhin weiß man da, von wem es kommt. Wenn es als Ankündigung für die Skisprung-Weltmeisterschaft heißt: „**Quali in Willingen heute schon um 15.00 Uhr**" stutzt keiner mehr. Denn ob in Gemeindeblättchen oder den überregionalen Printmedien – die sportliche **Qualifikation** hat sich längst von drei Silben verabschiedet. Ist so und ändert sich nie mehr.

Ärgerlich wird es, wenn eine flapsig verniedlichende Abkürzung von seriöseren Stellen benutzt wird. So werden kurz vor Ostern 2021 die Konfirmanden der Gemeinde vorgestellt und ein Anschreiben des

Pfarramtes beginnt mit „**Liebe Konfi-Eltern**". Die Tatsache, dass sich Jugendliche schon seit vielen Jahren so nennen, sollte für Geistliche kein Grund sein, sich in dieser Form anzubiedern. Modernität und Lässigkeit vorzuspiegeln ist kein geeignetes Mittel, die zunehmende Abwanderung aus den Kirchen zu verhindern.

Ganz schlimm ist es, wenn eine eigentlich professionell wirkende Journalistin im Deutschlandfunk über Eilmeldungen befragt wird und dann von **Eilmeldis** spricht. Regionale bis internationale Meldungen sollten ernst genommen und (auch intern) sprachlich adäquat behandelt werden. Nicht zuletzt, um bei den Rezipienten Vertrauensverlust zu vermeiden.

Das hat Andrea Nahles erfahren müssen. Ihr **Bätschi** und andere sprachliche Laxheiten fanden so viele derart unsäglich, dass ihre Karriere erst einmal ausgebremst war.

All das zeigt eine zunehmende Infantilisierung unserer Gesellschaft und gehört zu dem, was Durs Grünbein „Versumpfung der Sprache" nennt.

Stößchen

Wenn (manche) Frauen Ü40 – die gerne Prosecco trinken oder aus aneinander gelegten geleerten Miniflaschen mit klebrigem Likör geschlossene Kreise bilden – sich zuprosten, sagen sie bevorzugt: „Stößchen!" und kichern dabei. Sie halten diesen Trinkspruch sowohl für niedlich als auch für gewagt zweideutig. Oder für besonders feminin.

Aus fast denselben Gründen bevorzugen auch schwule Männer das **Stößchen.**

Kommen allerdings richtige Machos bei Bier und Schnaps zusammen, erzeugt ein „**Prostata**", tatsächlich immer noch Gelächter. Das gemeinte Männerorgan scheint oft Anlass zur Sorge zu geben und muss auf diese Weise und mit reichlich Alkohol beschworen werden.

Zugegeben, das altdeutsche „**Prosit**" (lateinisch: Es sei zuträglich) ist irgendwie verstaubt, und „**Prost**" klingt hölzern. Immerhin ist es mit „**Prost Neujahr**" noch im allgemeinen Gebrauch. „**Prösterchen**" klingt zu sehr nach Sherry oder Eierlikör und nach alten Damen mit Lavendelduft, die bei Loriot auch schon mal Akademikerinnen sein können.

Manche Bewohner von Hamburg und nördlich davon, sind wenig zimperlich. Davon zeugt: „**Hau wech, den Scheiß!**" oder „**Nich lang schnacken, Kopp in Nacken**". Das sagen auch etwas burschikose Frauen und natürlich alle, die die Comic-Figur „Werner" lieben.

Prost kann auch negativ klingen, vor allem wenn nichts getrunken wird. So stellt man mit einem „**Prost Mahlzeit**" eine „**schöne Bescherung**" fest. Mit „**Na, dann Prost**" nimmt man resigniert etwas Unangenehmes hin.

„**Na, denn man Prost**" ist schon besser, sofern in norddeutscher Manier ausgesprochen. Damit nimmt man entweder das Misslingen sportlich oder feiert einen gerade noch gelungenen Erfolg. Ohne Alkohol kommt das schwäbische „**Prositle**" aus, mit dem der Rülpser von Babys kommentiert wird.

„**Zum Wohl**" oder „**Wohl bekomm´s** " ist eher bei pensionierten Regierungsräten oder anderen Honoratioren beliebt.

Was kann man also sagen, wenn man weder antiquiert noch albern oder proletarisch wirken will?

Der Deutsche orientiert sich gerne am Ausland. Reist er öfter in die Toscana, so muss es beim Italiener zuhause oder mit den Gästen beim mediterranen Dinner ein „**Salute**" sein. Das gleiche gilt für Liebhaber der Costa Brava mit „**Salud**". Es hat was von gediegenem Bildungsbürgertum, das liegt nicht jedem.

Mit dem eher martialischen „**Skol**" sind die gut beraten, die sich in der Tradition der Wikinger sehen, sich für besonders trinkfest halten und Glas für sehr widerstandsfähig. Die meisten Engländer stoßen fröhlich und dezent (von Komasäufern abgesehen) mit „**Cheers**" an, was auch etliche Deutsche überzeugend, weil distinguiert oder cool finden. „**Gin Gin**" sagt man mitunter in Argentinien, aber streng genommen eigentlich nur, wenn Wermut getrunken wird, aber wer weiß das schon.

Das irische „**Sláinte**" (gesprochen: Slontsche) ist wegen Unsicherheiten in der Aussprache genauso wenig eine Alternative wie das schottische „**Sláinte Mhat**" (Slanschewaa).

Würde es nicht zu elitär rüberkommen, wäre ich für das japanische „**Kanpai**", das klingt draufgängerisch und lustig.

Aber „**Stößchen**" geht wirklich nicht.

Es wirkt albern und vulgär. Ex und hopp!

Toxisch

Früher musste das Wort **toxisch** ein Schattendasein in den Naturwissenschaften fristen. Für Fachleute aus Medizin, Biologie oder Chemie ist es aber seit jeher ein gewohnter Begriff.

Jeder Nicht-Akademiker, der ungenießbare Waldpilze vermied, nannte sie giftig. Was früher Giftmüll war, sind heute **toxische Produktionsrückstände.** Und nur Schlaumeier wussten, dass das Tomatin in reifen Tomaten gar nicht so **toxisch** ist, wie man glaubte.

Toxische Eiweiße oder Nanopartikel sind erst seit der Corona-Pandemie ins Licht der Fake-News getreten.

Das Wort im übertragenen Sinne für individuelle und gesellschaftliche Auffälligkeiten zu gebrauchen, haben wir vom Englischen übernommen. Dort und in vielen anderen Sprachen bedeutet es **gefährlich, bösartig, schädlich.** Im Kontext der Kritik am Machismus ist es im südamerikanischen Spanisch seit den 2000er Jahren verbreitet. Anfangs wurde auch bei uns vor allem über **toxische Männlichkeit** gesprochen und geschrieben. Sie schien das Übel Nr. 1 zu sein.

Aber zunächst einmal musste die Öffentlichkeit darüber aufgeklärt werden, was es mit diesem **Toxischen** eigentlich auf sich hat. So gut wie jedes Medium hat sich darüber - zunächst mit einer Fragestellung ausgelassen.

Wie erkennt man eine toxische Beziehung?

Was ist ein toxischer Mensch?

Bist du eine toxische Person?

Hast du ein toxisches Beziehungsmuster?

Ich bin ein toxischer Mensch, was tun?

Können toxische Männer lieben?

Dazu werden Tests angeboten, um festzustellen, ob man selbst so ein Mensch ist oder mit einem zusammenlebt. Das war Phase Eins. Die Aufklärung ging weiter: die Menschen mussten vorbereitet, gewarnt werden:

13 Anzeichen für toxische Eltern.

7 Anzeichen, dass du eine toxische Person bist.

15 Regeln zum Beenden einer toxischen Beziehung.

Toxische Partner erkennen und verändern.

Erfahrungsberichte und Reflexionen zum Thema erscheinen in der Brigitte, in der Bild-Zeitung, in Stern und Spiegel und auf tausend Social Media Seiten. Die schreibende Zunft stürzt sich geradezu auf das „neue" Wort.

In der ZEIT fragt sich eine Psychologin: **„Oft werden Beziehungen als toxisch gelabelt (!), aber was ist wirklich toxisch?"**.

Zu Beginn der erfolgreichen Karriere des Wortes dominierten also die Bezüge zu Menschen, mit denen wir eng emotional verknüpft sind, unsere Partner und Partnerinnen, unsere Eltern.

Die können auf die unterschiedlichste Art **toxisch** sein. Sie piesacken und nerven, erniedrigen und tyrannisieren andere bis hin zu aggressivster Manipulation und strafrechtlichem Verhalten.

Tara Wittwer, laut wmn-Magazin „Autorin & Sinnfluencerin" beschreibt ihre Erfahrungen so:

„Dann hatte ich auch noch eine ganz krass toxische Freundschaft. Diese Freundin hat mich so degradiert und anstatt mich zu fragen, warum die so scheiße zu mir war, habe ich mir immer gesagt: „Ja ist ja klar, ich bin full of shit. Ich würde mich auch kritisieren. Ich muss dankbar sein, dass ich überhaupt Freunde habe" – so nach dem Motto. „Das habe sie dazu gebracht, sich „gegen toxische Beziehungen stark zu machen". Sowohl in ihrem Buch „Du bist Gift für mich", als auch auf Instagram und TikTok ist das Ihr „Herzensthema". Daher ernennt sie das online Magazin der Funke Mediengruppe zur „weekly heroine", „weil sie so inspiriert und die Frauen „empowert"... Leider empfange sie auch viel „hate", den sie aber zum Glück „ganz krass trennen" könne. Hier verbinden sich ungebremster Gebrauch von Anglizismen mit Vulgärsprache. Aber wenn es denn ein „Herzensthema" ist - und gepeinigten, einfach gestrickten Frauen hilft... „Wenn`s schee macht..." pflegte die lange verstorbene Hausmeisterin der längst abgesetzten Lindenstraße zu sagen. Und immerhin erfahren die hilfesuchenden menstruierenden Menschen, was „Stonewalling" („mauern", Verweigerung der Kommunikation) oder „Belittling" (Herabsetzung) ist. Beliebt in der Szene derer, die gegen toxische Beziehungen in den Kampf ziehen, ist auch der Begriff des „Gaslighting" - ein komplexer Terminus aus der Psychologie der 60-er Jahre. Der bezieht sich, wie Cineasten schon ahnen, auf George Cukors sehenswerten Film „Gaslight" von 1944, wo Ingrid Bergmann von dem **toxischen** Charles Boyer übel mitgespielt wird. Damit kann die „Sinnfluencerin" Tara auch zur kulturellen „Empowerung" beitragen. Natürlich könnte man die schädlichen Beziehungen auch mit Hilfe von deutschen Begriffen analysieren. Mit den Imponier-Anglizismen erhöhen die Leidenden vielleicht ihr Selbstbewusstsein und wagen es eher, etwas zum Party-Small-Talk beizutragen. Die ZEIT berichtet über den eigentlich sympathischen Jérôme Boateng: **„Teures Ende einer toxischen Beziehung"**. Unangenehmes Verhalten in einer Partnerschaft kann Besserverdienenden schon mal einen Großteil ihrer Ersparnisse kosten. Das wird weniger die Fußballfans als potentielle „Spielerfrauen" interessieren. Der Stern titelt: **„Toxische Beziehungen zu den eigenen Kindern: Diese Dinge sollten Eltern unbedingt vermeiden"**. Denken wir an Britney Spears Vater, leuchtet uns das schon mal ein. Ob alle, die das vielleicht betreffen könnte, diese Texte lesen und sich bessern? Dann wurden wir darauf aufmerksam gemacht, dass auch unsere Chefs übelst **toxisch** sein können. Dann, wenn sie egozentrisch, reizbar und aggressiv sind, kaum kommunizieren und niemals schuld sind, spricht man von **toxischer Führungskultur**. Bei **toxischer Professionalität**, dürfen Schwächen nicht gezeigt, Fehler nicht zugegeben werden. Auch manche Kollegen sind **toxisch**. Sexuelle Belästigung und Mobbing sind sichere Anzeichen dafür. Letzteres betrifft auch die Pop-Welt: Im Rolling Stone nennt Roger Waters seine Ex-Kollegen von Pink Floyd **toxisch**, da sie ihn „immer runtergezogen haben". Als ironische Replik vergleicht einer von ihnen Waters mit Stalin. So extrem giftig war es dann aber doch nicht. Immerhin sind nach den Kabbeleien noch großartige Werke entstanden.

Auf „Business Insider" wissen sie es: Nicht nur Menschen, auch Dinge oder Systeme können **toxisch** sein.

Das gilt vor allem für die Börse, da gibt es nämlich **toxische Papiere**. Weil die Kriterien dafür unklar sind, hat schon manch einen ruiniert. Für Kapitalismuskritiker müssten das allerdings fast alle sein, nicht nur die der **Bad Banks**.

Dass die BILD Zeitung **toxisch** ist, überrascht überhaupt nicht. Mike Kleiß sagt über den Axel Springer Verlag anlässlich Julian Reichelts Rauswurf: **„Diese Kultur ist nicht nur menschlich toxisch"**. Es handele sich um **„eine Unternehmenskultur, die von alten weißen Männern geprägt ist. Eine Welt voller Altherrenwitze, voller Sexismus, ohne Respekt vor Frauen"**. Diese Aussagen sind nachvollziehbar, auch wenn das Modewort **toxisch** nicht drin vorgekommen wäre. Mittlerweile brechen alle Dämme: Das, was uns schon immer gestört hat, was uns verdächtig vorkam, was uns Kopfzerbrechen bereitet hat, jetzt wissen wir warum: **Es ist toxisch**. Auch in der Politik steht das Wort für fatale Themen.

Auf T-Online lesen wir: **„Presse zum Skandal in Österreich: „Die ganze ÖVP ist toxisch geworden"**! Die Oberösterreichischen Nachrichten können das nur bestätigen: **„Das toxische System Kurz"**.

Im Spiegel wird die belarussische Oppositionelle Swetlana Tichanows-kaya zitiert: **„Ich verstehe, dass ich toxisch für den Kreml bin"**. Dem Kreml wünschen wir allerdings recht viel zersetzendes Gift, Österreich natürlich nicht.

Allseits bekannt und vorerst noch nicht aufzuhalten ist die Bösartigkeit Erdogans. Im Dezember 2020 schreibt die Neue Züricher Zeitung: „**Altes Trauma: Erdogans toxische Re-Islamisierung der Hagia Sophia**".

Im Spiegel sagt uns Alice Schwarzer mal wieder, was wir auch so schon wissen: „**Rechtsradikale und Islamisten sind im Grund gleich toxisch, es geht um den gekränkten Mann.**"

Hinter all diesen **toxischen** Bereichen oder Menschen stecken die unterschiedlichsten Eigenschaften oder Verhaltensweisen. Gemeinsam haben sie, dass sie als schädlich erkannt werden und bekämpft werden. Manchmal wird das Wort im Textverlauf mit Inhalt gefüllt, aber nicht immer - dann bleibt es diffus - ein Schlagwort, das jeder für sich beliebig deuten kann.

So hält media.de Facebook, Twitter und Instagram für „**nachweislich toxisch für weibliche Teenager**", die jungen Frauen würden auf vielerlei Art manipuliert.

In der Wochenzeitschrift „Der Freitag" interviewt Nils Markwardt Bernd Stegemann, der das bestätigt: „**Auf Twitter wird toxisch kommuniziert**". Und weiter: „**Meine Kritik an Twitter und seiner Eskalationsdynamik ist, dass da ein toxischer Raum entsteht**".

Wegen Hasse und rassistischer Hetze haben im April 2021 englische Fußballclubs zwei Monate lang Social Media Kanäle boykottiert. Der Fußballer Henry zog sich ganz aus diesen Medien zurück, sie seien „**zu toxisch**".

Alles richtig. Aber leider ersetzt und verdrängt - wie so oft - ein modisch gewordenes Wort viele andere. Welche Wörter haben wir denn <u>vor</u> **toxisch** gebraucht? Doch wohl viele unterschiedliche, je nach Situation und Kontext. Da wurde vielleicht klarer, was bösartig und was schädlich für uns ist. Und <u>wer</u> hinter den bedenklichen Verhaltensweisen steht. Gefährlich oder **toxisch** scheinen aber früher und auch heute vor allem einzelne Männer oder Männergruppen zu sein.

In einer Studie wurde festgestellt: „**Online-Games sind toxisch.**" Auch bei der Süddeutschen Zeitung ist das angekommen: „**Im Gaming gibt es toxische Communitys**".

Wie sind das für Jungs, diese **toxischen Gamer**, was machen die so?

Auch unter den „**toxischen Fans**" von Justice-League-Filmen (Superhelden) sind überwiegend junge Männer. Die sind mit Verschwörungstheorien und Belästigungskampagnen unter anderem gegen Warner Brothers vorgegangen, um eine neue Fassung von „Zack Snyders Justice League" zu verhindern.

Dass manche homosexuelle Männer biestig sein können, darf nur ein schwuler Mann ungestraft behaupten. In der Abendzeitung München beklagt sich ein „Prince-Charming-Kandidat" (TV Dating-Format für Männer): „**Die schwule Community ist dahingehend sehr toxisch**" und meint die Reaktionen auf sein asiatisches Aussehen.

So hat auch ein ehemaliger Bischofssekretär das Recht, die „**toxische Kultur in der Kirche**" zu kritisieren und damit die vielen bekannten Missstände auf ein Wort einzudampfen.

Wortreich darf das auch der Schauspieler und Kabarettist Josef Hader: „**Es dürstet den unglücklich Glücklosen also durchaus nach Reduktion des Toxischen, was aber nicht leicht ist, wenn einem die Probleme schon mit der katholischen Erziehung eingeimpft werden**".

Zu glücklich zu sein, ist aber auch wieder nix. Vor allem dann, wenn andere einem das einreden wollen. Da kommt die „**toxische Positivität**" ins Spiel.

Die ZEIT rezensiert unter der Schlagzeile „**Positives Denken kann toxisch sein**" das Buch von Anna Maas „Die Happiness-Lüge". „Negative Gefühle müssen Raum bekommen" ist eine der Thesen. Auch auf der Internetseite von RTL wird diese Erkenntnis geteilt: „Phänomen „Toxic Positivity": Wenn Glücklichsein zum Zwang wird".

Eine Sonderform des **toxischen Glücklichseins** beschreibt ein Autor der Schweizer Zeitschrift Tsüri, als er über seine Erfahrungen mit „Ekstatic Dancing" berichtet. „Als die Besucher:innen bei Closing Circle zum affektierten Lachen aufgefordert werden..." erkennt er darin Künstlichkeit und bloßen Schein.

Ganz konkret und anscheinend „natürlich" geht es bei der Rapperin Haiyti zu. Die ist sicher nicht katholisch und ganz und gar nicht positiv.

Sie scheint stolz auf ihre **Toxizität** zu sein und beschreibt das so:

Halte mich wach mit allem, was ich hab'

Ich bin toxisch...

...erschieße 'ne Diva

...breche die Kiefer

...Himmelblau der Rari. (Ferrari!)

Ihre Anhänger sind begeistert - allen anderen fehlt sicher das Verständnis.

Vielleicht brauchen auch Oberstudienräte und Rätinnen künftig mehr Verständnis, wenn in einer Klausur zu Sartres „Geschlossene(r) Gesellschaft" diese **toxisch** genannt wird.

Eine gänzlich andere Haltung als die deutsche Rapperin hat die Wiener Social Media Akteurin „**Toxische Pommes**".

Laut Presse ist der TikTok-Star Österreichs lustigste Juristin. Sie nennt sich so, weil sie in einer **toxischen** Beziehung war und Pommes Frites liebt. Sie attackiert Doppelmoral und Nepotismus der Österreicher. Da bekam das **toxische System Kurz** ordentlich Gegenwind.

Was geht?

„Was geht?" - eventuell unter Hinzufügung der persönlichen Ansprache „Alter" - wahlweise auch „Bro" oder „Digga" - wurde ursprünglich von jungen Männern gebraucht, denen das Erlernen der deutschen Sprache nicht so leicht fällt.

Diese als Begrüßung gedachte Formel wird oft begleitet von einer Art Fingerhakeln. Mit dem Unterschied, dass alle Finger gekrümmt werden, sich mit denen des „Homies" einhaken, wonach sich beide dann mit angezogenem Arm zum Oberkörper des anderen hin und wieder wegziehen. Den Kopf wendet man dabei zur Seite, der Körperkontakt ist minimal - man ist ja nicht schwul.

„Was geht?" als Beginn einer Kommunikation gehört zum Universum der Ghettosprache, auch Ethnolekt, Kiezdeutsch oder Türkendeutsch genannt. Dazu gibt es hervorragende Studien, denen hier nichts hinzu-zufügen ist.

Es geht vielmehr darum, dass sich solche Formeln (inklusive Körpersprache) verbreiten und dann von sehr vielen männlichen Jugendlichen benutzt werden, egal welcher Ethnie sie angehören. Die fehlerhafte Grammatik stört auch die Muttersprachler nicht. Meistens wissen die Jungs durchaus, wie man korrekt sprechen könnte, der Satz hat jedoch den Vorteil, von allen verstanden zu werden.

Die verkürzte Frage hat etwas Männliches, Martialisches - Mädchen oder Frauen haben sie nicht übernommen. Vorbilder waren so beliebte Sänger wie die „Phantastischen Vier": „Hey, was geht, was geht, ich sag's dir ganz konkret". Eine Antwort könnten die „Atzen" liefern, wenn sie zum Mitgrölen animieren mit: „Hey, das geht ab, wir feiern die ganze Nacht!"

Doch was heißt eigentlich: **"Was geht"**? Es scheint die Fragen: „Wie geht's dir?" und „Was machst du?" zu vereinen.

Bei der konventionellen Frage „Wie geht's dir?" zeigt der Frager ein Interesse an der Lebenssituation oder am Gemütszustand des anderen.

Sowohl die Frage als auch die Antwort „Danke, gut, und dir?" würde die abgeklärte Haltung cooler Jugendlicher gefährden. Das wäre zu bürgerlich, es klingt zu brav und gut erzogen - und unter dem Verdacht möchte keiner der „Was-geht-User" stehen.

Ganz zu schweigen davon, dass, aufrichtiges Interesse an der Befindlichkeit und den Gefühlen des anderen zu zeigen, eindeutig als weibisch oder schwul angesehen würde. Und der Gefragte wird sich hüten, zu viel über sich zu verraten. Das könnte Angriffspunkte liefern und wäre sehr „uncool".

„Was machst du?" ist als Einstieg auch nicht geeignet.

Wenn wir schon dabei sind - mit „Was guckst du!" möchte allerdings auch keiner gerne begrüßt werden.

Da scheint das Ausweichen auf „Was geht" geradezu eine geniale Lösung zu sein. Die Emotion ist außen vor, gefragt wird nach dem, was der andere so erlebt und plant. Außerdem schwingt in der Frage noch mit, was an tollen Dingen im Moment möglich und machbar ist. Damit fühlt sich der Befragte ermuntert „krasse" Vorkommnisse oder „üble" Erlebnisse zu schildern, die Eindruck machen oder Respekt einbringen. Mit der Rückfrage „Bei dir, Alter?" hat dann auch der andere eine Chance Ähnliches zu bieten.

Und vielleicht erzählen sich beide im Verlauf des Gesprächs sogar, wie es ihnen geht.

What? oder Wie bitte?

Im Alltag und den Medien werden viele englische Vokabeln benutzt, ob in der Politik, der Wirtschaft oder im Unterhaltungssektor. Es scheint, als hätten die Englischlehrer in Deutschland ganze Arbeit geleistet und ihre ehemaligen Schüler seien jetzt fit für Jobs im Ausland und für den Urlaub in fernen Ländern.

Nicht so die Deutschlehrer. Trotz redlichem Bemühen und viel roter Tinte haben sie es offenbar nicht geschafft, Feinheiten der deutschen Sprache oder auch nur Grundprinzipien der Grammatik und des Ausdrucks zu vermitteln. Vielleicht liegt es aber nur daran, dass kaum mehr gelesen wird.

Als Beweis dafür einige Beispiele.

Ich hoffe, ihr seid mir nicht sauer – Fernsehkoch zu Gästen

Er ist sehr dankbar darüber – Frau Wontorra in einer Kochshow

Die Preise sind teuer – Zeit Podcast über Wohnungen in China

Es ist jetzt dringend Zeit… – Anwalt in einer TV-Dokumentation

Ich komme aus mich raus – Akteur einer Realityshow, RTL

Ich bin nicht als Promi auf der Welt gekommen – RTL

Er kippt sich einen hinter die Binse – Quizteilnehmer SAT 1

Ich bin ihm auf Augenhöhe entgegen gekommen – Big Brother, RTL

Das Hauptaugenmerk muss lauten… – Joachim Löw im Interview

Das hat dem keinen Abbruch angetan – Jumbo Reinhardt, Moderator

Ich freue mich super – Teilnehmerin bei Shopping Queen

Das schmeichelt mich – Teilnehmerin bei Shopping Queen

Er hat mit seiner Meinung nicht hinter dem Berg gelassen – Reportage der HNA über einen Polizisten

Sie hat einen tiefen Eindruck auf mich hinterlassen - Schauspieler in NDR Talkshow

Man kann eh keinen Mensch rechts machen - Model-Kandidatin

Ich wäge gerade aus, ob ich noch mitmache - Model-Kandidatin

Meine Eltern wollen mir keinen Stein in den Weg stellen - Model-Kandidatin

Die Nachrichten sind mir in den Magen gefahren - Kasseler Stadträtin

Ich brauche eine starke Schulter, die mich auffängt - First Dates-Kandidatin

Es lagert ein Fluch auf mir - Trucker Babes

Mein Nervenkostüm ist wieder so was von angezogen - Model- Kandidatin

Er wurde übers Ohr gezogen - Moderator von hr3- Ratgeber

Ich schwenke zwischen zwei Gerichten - TV-Koch beim Kochduell des ZDF

Ich möchte das nicht herunterwürdigen - Vertreter der Treuhand in Interview

Wir müssen jetzt Rücksicht üben - Esken zu Corona, ARD

Das muss in der Regierung eine Verantwortung haben - Baerbock zur Klimakrise

Da kamen meine Wurzeln her - Kida Khodr Ramadan (Ich find's nicht schlimm, Herr Ramadan)

Das ist das Beste, was ich meinen Kindern antun konnte - Daniela Büchner zur Auswanderung nach Mallorca

Ich würde nicht auf Teufel heraus um diesen Mann kämpfen - eine „Granny" bei „Paula kommt".

Das hängt mit dem Bildungsgrad ab - N.N.

Ich bin breit aufgefächert - Martin Eberle, Direktor der MHK, Kassel

Nach langem Breitschlagen... – N.N.

Das hat mich von der ersten Sekunde beeindruckt – N.N.

Es hat mir schwergefallen – N.N.

Alles was darüber hinaus ist – N.N.

Da bin ich ein gebrandmarktes Kind – N.N.

Man muss hinter der Fassade gucken – N.N.

Er hat einen Schelm im Nacken – N.N.

Das ist mir zu interlektuell – N.N.

Meine inneren Gefühle lassen das nicht zu – N.N.

Ich fande das nett – N.N.

Das Thema spielt keine Relevanz – N.N.

Man muss das Leben mit allen Zügen genießen – N.N.

Ich hab am ganzen Körper gekribbelt – N.N.

Wir haben alles auf eine Kappe gegeben – N.N.

Ich nehme es meiner Mama nicht böse – N.N.

Wir lassen nicht mehr voneinander los – N.N.

Danksagung

Ich danke vor allem Manfred Schön für die vielen konstruktiven Diskussionen, kritischen Reflexionen und für seine Geduld.

Mein besonderer Dank gilt Gerd Glück für die Großzügigkeit, mir seine Illustrationen zur Verfügung zu stellen.

Mein Dank geht auch an Michael Kohl und Pablo Jenior für die Gestaltung des Buchtitels.

Autorin

Renate Eberwein-Schön, geboren 1951 in Lohfelden bei Kassel.

Pensionierte Lehrerin der Fächer Deutsch, Kunst und Spanisch an Gymnasien in Rotenburg an der Fulda, Buenos Aires, Frankfurt und Bad Wildungen.

Literarische Studien und Arbeiten zum kulturellen Vergleich des Alltagslebens in Deutschland und Argentinien. Übersetzungen zur Geschichte des jüdischen Lebens in Argentinien.